THÉORIE ET CAS PRATIQUES (2)

SOMMAIRE

Révision et cas pratique

21. FONDEMENTS DE LA COMPTABILITÉ

211. PRINCIPES DE LA DÉMARCHE COMPTABLE

OBLIGATION DE TENIR UNE COMPTABILITÉ ET DE PRÉSENTER DES COMPTES

Selon l'art 957 CO, doivent tenir une comptabilité et présenter des comptes:

1. Les entreprises individuelles et les sociétés de personnes qui ont réalisé un chiffre d'affaires supérieur à 500'000.- lors du dernier exercice
2. Les personnes morales

Les entreprises suivantes ne tiennent qu'une comptabilité des recettes et des dépenses ainsi que du patrimoine:

1. Les entreprises individuelles et les sociétés de personnes qui ont réalisé un chiffre d'affaires inférieur à 500'000.- lors du dernier exercice;
2. Les associations et les fondations qui n'ont pas l'obligation de requérir leur inscription au registre du commerce

EXIGENCES EN MATIÈRE DE COMPTABILITÉ ET DE PRÉSENTATION DES COMPTES

Les articles 957 et 958 du CO donnent des lignes directives pour divers éléments.

Principes de régularité de la comptabilité

- Enregistrement intégral, fidèle et systématique des transactions et des autres faits nécessaires
- Justification de chaque enregistrement par une pièce comptable
- Adaptation à la nature et à la taille de l'entreprise
- Traçabilité des enregistrements comptables

Règles fondamentales

- Continuité de l'exploitation
- Délimitation périodique et rattachement des charges aux produits

Principes d'établissement des comptes

- Clarté et intelligibilité intégralité
- Fiabilité
- Importance relative et évaluation prudente
- Permanence de la présentation et des méthodes d'évaluation
- Régularité de la présentation des comptes

MESURE ET EXPRESSION DES FAITS COMPTABLES

Les art. 960ss CO permettent d'établir des hypothèses de travail utiles pour le respect des éléments ci-dessus, notamment…

Le principe du coût historique

Ce principe vise à indiquer le moment de la mesure, c'est à dire, dans la plupart des cas, l'enregistrement à la date d'acquisition du moyen de l'activité.

Les frais d'établissement

Les frais d'établissement peuvent être immobilisés s'ils sont amortis sur une durée de 5 ans.

La constitution de la réserve générale (réserve légale)

Soit,

- 5% des bénéfices à la réserve légale aussi longtemps que celle-ci n'a pas atteint 20% du capital de la société,
- 10% de tout dividende excédent 5% du capital aussi longtemps que la réserve n'a pas atteint 50% du capital.

212. NORMES

FIXÉES PAR LE CODE DES OBLIGATIONS

Il s'agit des normes comptables qui s'appliquent aux sociétés selon les articles 662 et suivants du Code des Obligations. Leur objectif est de permettre au lecteur des états financiers de "se rendre compte aussi exactement que possible" de la situation économique de l'entreprise. Dans cette optique, les originaux du bilan et du compte de résultat sont à conserver pendant 10 ans (art. 962 CO). Les autres livres de compte, tels que inventaire, pièces comptables, journaux, extraits de comptes et correspondances, sont également à archiver pendant 10 ans. Toutefois, c'est suffisant si ces documents sont disponibles en format électronique et s'ils sont accessibles.

Des normes spécifiques sont mentionnées dans le code des obligations ou dans le code civil pour les sociétés suivantes:

- Sociétés anonymes (art. 620ss CO)
- Sociétés à responsabilité limitée (art. 772ss CO)
- Sociétés en nom collectif (art. 552ss CO)
- Sociétés en commandite (art. 594ss CO)
- Coopératives (art. 828ss CO)
- Sociétés en commandite par actions (art. 764ss CO)
- Associations (art. 60ss CC)
- Fondations (art. 80ss CC)

RECOMMANDATIONS POUR LA PRÉSENTATION DES COMPTES RPC

Les Swiss GAAP RPC, ou Recommandations pour la Présentation des Comptes en Suisse, se focalisent sur la présentation des comptes des petites et moyennes entités, ainsi que des groupes à rayonnement national, des organisations à but non lucratif et les caisses de pension. Les RPC leur permettent de disposer d'une structure de présentation des comptes qui donne une image fidèle du patrimoine, de la situation financière et des résultats (true and fair view).

Les petites entités ont la possibilité de prendre en considération uniquement le cadre conceptuel et les RPC fondamentales (RPC 1 à 6), dès lors qu'elles ne dépassent pas, au cours de deux exercices successifs, deux des critères suivants :

- Total du bilan : CHF 10 millions,
- Chiffre d'affaires : CHF 20 millions,
- Effectif : 50 emplois à plein temps en moyenne annuelle.

Il existe en outre des RPC spécifiques à certaines branches, telles que par exemple la Swiss GAAP RPC 14 "Comptes consolidés des compagnies d'assurance" ou la Swiss

GAAP RPC 21 "Etablissement des comptes des organisations sociales d'utilité publique à but non lucratif".

STANDARDS INTERNATIONAUX DE PRÉSENTATION DES COMPTES IFRS

Acronyme de International Financial Reporting Standards en anglais, l'objectif de ces normes est d'offrir aux actionnaires, financiers et investisseurs :

- Une présentation homogène des comptes dans les différents pays
- Des bilans et des comptes de résultats qui traduisent au mieux et de la manière la plus complète la situation économique réelle d'une entreprise
- Une meilleure identification de la performance ou contre-performance du management

Ces normes sont plus largement utilisées par les grandes entreprises et les entités présentes sur les marchés des capitaux internationaux. Les entreprises cotées en bourse en Suisse et dans l'Union européenne doivent impérativement les appliquer depuis le 1er janvier 2005.

Il existe une versions simplifiée à l'intention des PME non cotées en bourse, aux entreprises de taille moyenne et à toutes les autres entreprises qui visent la transparence avec les banques, leurs actionnaires et les autres destinataires des états financiers.

GENERALLY ACCEPTED ACCOUNTING PRINCIPLES US GAAP

Les normes comptables américaines sont désignées sous le nom de Generally Accepted Accounting Principles. Elles constituent une vaste collection de règles détaillées sur des questions particulières. Une grande majorité des entreprises en mains privées s'y soumettent volontairement afin de ne pas souffrir d'une appréciation négative des investisseurs ou autres milieux intéressés. Les entreprises cotées sur le SIX Swiss Exchange sont autorisées à se baser sur les US GAAP au lieu des IFRS pour l'établissement de leurs comptes annuels.

22. PIÈCES COMPTABLES

Lors de la comptabilisation, il est utile de procéder de manière très structurée, afin d'éviter le risque d'erreurs. Autant que possible se poser les questions suivantes dans l'ordre: i) des liquidités sont elles impliquées? Si oui, en + ou en - pour la société? Sinon ii) A-t-on reçu une facture? Si oui, nous aurons une dette; Sinon iii) Est-ce une facture envoyée? Si oui, nous posséderons une créance envers un tiers, appelé débiteur. Dans le cas où l'opération ne peut pas être résolue à l'aide de ce raisonnement, ou si vous avez une hésitation, tenter de retrouver le cas qui correspond à l'un des cas suivant.

221. COMPTABILISATION

La comptabilité représente au niveau purement technique à mesurer des niveaux, des entrées et sorties. Un cas similaire que tous le monde connaît bien est un système de baignoire: des flux, entrent, stationnent et sortent d'un bassin; l'eau étant la mesure dans un cas, l'argent dans l'autre. Pour mesurer et expliquer les niveaux atteints on pourra procéder selon deux méthodes qui présente l'avantage, comme en comptabilité à double entrée, de s'auto-contrôler, on: i) mesure le niveau en début et en fin de période, la différence donne la variation; ii) totalise à l'aide de compteur, les quantités débitée à l'entrée et à la sortie, la différence donnera également la variation. De manière conceptuelle cela se traduit par la formule suivante:

Niveau actuel Na = situation de départ Nd + entrée - sortie

Imaginons que i) tout est à 0; ii) l'on apporte 10 mesures; iii) fait sortir 9; iv) puis rentrer à nouveau 5. Selon l'égalité ci-dessus:

```
i)    Nd = Na = 0
ii)   Na = 0 + 10 = 10
iii)  Na = 10 - 9 = 1
iv)   Na = 1 + 5 = 6
```

La somme des entrées (produits) est de 15 (10+5), la somme des sorties de 9, soit un niveau (solde) final de 6; ceci correspondrait certainement à la mesure du niveau du bassin (bilan final). En terme comptable ces égalités s'expriment de la manière suivante:

	Mesures non consommées	Sortie	Entrée	Mesures consommées
Début	0	–	–	0
i) à iv)	0	9	15	0
Fin	6	–	–	6
	Actifs	Charges	Produits	Passifs

MOMENT DE LA COMPTABILISATION

Prenons par exemple une entreprise qui fournit une prestation P, payable à crédit. L'opération se déroulera en trois étapes: i) la **commande**; ii) quelques temps plus tard, la **livraison**; iii) habituellement 30 jours plus tard, le **payement**. Schématiquement, cela se présente de la manière suivante:

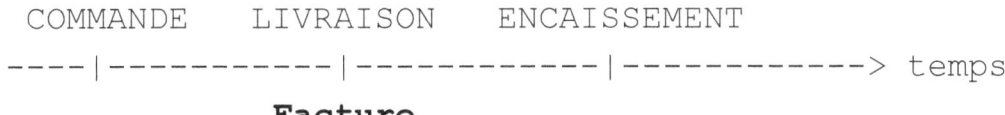

```
 COMMANDE    LIVRAISON    ENCAISSEMENT
----|-----------|------------|------------> temps
           Facture
```

L'enregistrement au niveau comptable se fera le plus couramment au moment de l'exécution, c'est-à-dire à la livraison de la chose commandée; généralement la facture accompagne la prestation ou la suit de quelques jours.

Il arrive parfois, que la comptabilisation se fasse au moment des encaissements (on parle alors de "comptabilité cash".

Opération déjà comptabilisée

Cela signifie la plupart du temps que nous avons reçu ou envoyé une facture et que la facture a déjà été saisie dans le système; nous procédons soit à son payement ou observons la réception d'un payement contre cette facture.

222. ACHAT ET VENTES D'ACTIFS

Tous les achats doivent figurer dans les comptes à leur prix de net ou revient (incl. les frais divers). C'est pourquoi, il convient de bien savoir comptabiliser les frais ainsi que les réductions de prix telles qu'escomptes, rabais, remises mais également les retours.

ACHATS ET VENTES D'ACTIF

Achat d'un véhicule payable à 10 jours avec x% d'escompte ou à 30 jours net, frais de douane inclus: **Véhicules à Autres dettes**

Il s'agit désormais d'une facture comptabilisée.

Règlement, par virement, d'une facture (avec escompte) déjà comptabilisée

A. Comptabilisation de l'escompte: **Autres dettes à Véhicules** pour x% de l'achat
B. Paiement du solde par virement: **Autres dettes à Liquidités** de (1-x%) de l'achat

Les rabais, remises et retours se comptabilisent comme les escomptes.

Vente de mobilier payable à 10 jours avec x% d'escompte ou à 30 jours net, frais de transport non inclus: **Créances à Mobilier**.

Il s'agit désormais d'une facture comptabilisée. Si rien n'est convenu, les frais sont à la charge de l'acheteur. C'est pourquoi nous ne comptabilisons pas les frais de transport. La mention "franco domicile" signifie que le transport est à la charge du vendeur.

Réception du montant de la créance (avec escompte) déjà comptabilisée

A. Comptabilisation de l'escompte: **Mobilier à Créances** pour x% du prix de vente
B. Règlement du solde par virement: **Liquidités à Créances** pour (1-x%) du prix de vente

FRAIS OU INTÉRÊTS BANCAIRES

Pour les frais: **Créance à Charges payées d'avance**, pour les intérêts en

Faveur de l'institution bancaire (débités de notre compte)	Notre faveur
Frais bancaire ou charges financières à Banque.	**Banque à Produit sur avoir**

223. COMPTES CLIENTS, FOURNISSEURS ET PRIVÉ

CLIENTS

Tenir les comptes clients c'est

- Enregistrer les opérations de facturation et d'encaissement des opérations de vente par client, y compris le suivi des déductions accordées, frais de livraison et retours de marchandises
- Suivre les impayés, provisionner les risques liés aux ventes (non payement, fluctuation des taux change, facturer les rappels et poursuites)
- Comptabiliser la TVA et préparer les décomptes
- Ventiler les revenus par type de produit, régions, etc.

Ces taches sont relativement complexes et nécessite un parfaite maîtrise de comptes d'actifs (+ -) et de produits (- +). Pour plus de détails sur ces opérations se référer aux écritures correspondantes.

FOURNISSEURS

Tenir les comptes fournisseurs c'est

- Connaître parfaitement les processus d'achat, les droits et obligations de l'acheteur et du vendeur
- Suivre les acomptes, lettre de crédit et fluctuations sur le marché des devises
- Distinguer les charges d'exploitation des immobilisations
- Contrôler la conformité des factures et respecter les obligations liées aux délais de paiement ou faire face aux litiges éventuels
- Comptabiliser la TVA et préparer les décomptes
- Analyser les sources principales de coûts

Ces taches sont relativement complexes et nécessite un parfaite maîtrise de comptes de passifs (- +) et de charges (+ -). Pour plus de détails sur ces opérations se référer aux écritures correspondantes.

PRIVÉ

Dans ce compte figurent i) au débit: tous les prélèvements faits par le propriétaire + éventuellement la perte d'exploitation; ii) au crédit: le salaire du propriétaire, les intérêts sur le capital + éventuellement le bénéfice d'exploitation

Prélèvements du propriétaire

A. En espèces: **Privé à Liquidités**

B. D'un actif: **Privé à Type de l'actif**

C. De marchandises du stock, pour une entreprise…
  - assujettie à la TVA: **Privé à Prestations à soi-même**
  - non assujettie à la TVA: **Privé à Achats marchandises**

Salaire en faveur du propriétaire

Salaire à Privé

Le propriétaire n'a droit à un salaire que s'il travaille dans l'entreprise.

Intérêts en faveur du propriétaire

Charges financières à Privé

Le montant est égal au montant du capital en début d'exercice x taux d'intérêt.

Bénéfice d'exploitation

Résultat de l'exercice à Privé

Revenu global du propriétaire = salaire du propriétaire + intérêts sur les fonds propres + bénéfice d'exploitation

Perte d'exploitation

Privé à Résultat de l'exercice

224. ACTIVITÉS COMMERCIALES

ACHATS ET VENTES DE MARCHANDISES

Au comptant : **Achats de marchandises à Liquidités**.

À crédit: **Achats de marchandises à Dettes fournisseurs**.

Les frais d'achats (douane, frais de transport, etc.): **Frais d'achat à Liquidités**.

Pour le reste, deux cas se présentent habituellement:

A. Les rabais, remises et escomptes accordés par les fournisseurs: **Dettes fournisseurs à Déductions obtenues**

B. Les retours aux fournisseurs de marchandises non conformes: **Dettes fournisseurs à Achats de marchandises**

Au comptant: **Liquidité à Ventes de marchandises**.

À crédit: **Créances clients à Ventes de marchandises**.

Les opérations liées aux ventes de marchandises

A. Rabais, remises et escomptes accordés aux clients: **Déductions accordées à Créances clients**

B. Retours de marchandises non conformes de la part de nos clients: **Ventes de marchandises à Créances clients**

Cas particuliers

Les emballages

Cas 1, les emballages sont pris à notre charge (achetés par notre entreprise et non facturés aux clients) => une seule opération: **Frais d'expédition à Liquidités**

Cas 2, les emballages sont à la charge des clients (achetés par notre entreprise puis facturés aux clients) => deux opérations: i) Achat des emballages, **Frais d'expédition à Liquidités**; ii) Facturation de ces emballages aux clients, **Créances clients à Ventes de marchandises**

Frais d'expédition

Cas 1 , les frais d'expédition sont pris à notre charge (payés par notre entreprise et non facturés aux clients) => une seule opération: **Frais d'expédition à Liquidités**

Cas 2, les frais d'expédition sont à la charge des clients (payés par notre entreprise puis facturés aux clients) => deux opérations: i) paiement des frais d'expédition, **Frais d'expédition à Liquidités**; ii) **Facturation de ces frais d'expédition**, Créances clients à Ventes de marchandises

Les commissions sur les ventes

Cas 1, la personne qui reçoit la commission fait partie de nos employés -> **Salaires à Liquidités**

Cas 2: la personne ne fait pas partie de nos employés -> **Commission à des tiers à Liquidités**

23. DÉCOMPTES DE SALAIRES

Dans le premier volume (A), nous effectuions la comptabilisation du salaire de la manière suivante : salaire à liquidités. Cette écriture est en fait extrêmement simplifiée, elle tient uniquement compte du salaire net (le montant versé aux employées).

Le réalité est bien plus complexe, puisque l'on doit tenir compte des charges sociales. Pour passer du salaire brut (montant total payé par l'employeur) au salaire net (montant perçu par l'employé), différents montants doivent être déduis. La majorité de ces retenues représentent le paiement de primes d'assurances sociales, imposé par la lois.

231. SYSTÈME DES PILIERS

La sécurité sociale fait partie des éléments fondamentaux de l'Etat Suisse. Le système des trois piliers, qui est l'un des aspects de cette sécurité et qui est inscrit dans la Constitution fédérale, garantit votre prévoyance personnelle et professionnelle ainsi que celle de vos proches en cas de vieillesse, d'invalidité et de décès.

Prévoyance	1er pilier	2ème pilier	3ème pilier
Description	Étatique	Professionnelle	Individuelle
But	Couvrir les besoins vitaux	Maintenir le niveau de vie	Complément individuel
Assurances	AVS/AI/APG Prestations complément. PC	LPP/LAA obligatoire et sur obligataire	liée 3a ou libre 3b

Liens utiles

- Office fédéral des assurances sociales (www.ofas.admin.ch)
- Association Suisse d'Assurances (www.svv.ch/fr)
- Département fédéral de l'intérieur (www.dfi.admin.ch)
- Glossaire d'assurance (AFA)
- FAQ sur les assurances (ecol2.com/qr/)

Présentation vidéo sous youtu.be/m_X86HyfQsI.

PRESTATIONS COMPLÉMENTAIRES

Les prestations complémentaires (PC) sont accordées lorsque les rentes et autres revenus ne couvrent pas les besoins vitaux. Elles sont assimilées à un droit et ne sauraient être confondues avec des prestations de l'assistance publique ou privée.

Les prestations complémentaires sont versées par les cantons et représentent:
- La prestation complémentaire annuelle, versée mensuellement
- Le remboursement des frais de maladie et d'invalidité

Droit

Ont droit aux prestations complémentaires les personnes qui respectent les trois conditions suivantes
- Droit à une rente de l'AVS*, à une rente de l'AI*, à une allocation pour impotent de l'AI* (après 18 ans), ou touchent une indemnité journalière de l'AI*
- Domicilé et réside en Suisse,
- Nationalité suisse ou, si étrangères, ont habité en Suisse de manière ininterrompue durant dix ans. Pour les réfugiés et les apatrides, ce délai est de cinq ans (les personnes qui n'ont pas droit à une rente parce qu'elles n'ont pas cotisé à l'AVS* ou à l'AI*, ou n'y ont cotisé que trop peu de temps, peuvent néanmoins revendiquer des PC sous certaines conditions)

* Ces termes seront étudiés plus loin dans le document.

232. RETENUES SUR SALAIRES

L'AVS/AI/APG, respectivement assurance vieillesse et survivants (AVS), assurance invalidité (AI), assurance perte de gain (APG), sont des assurances sociales obligatoires pour tous, elles composent ce qu'on appèle le premier pilier. L'AVS verse des rentes de vieillesse et des prestations aux survivants, l'AI alloue des prestations aux invalides en incapacité de travail continue et de longue durée alors que l'APG couvre la perte de salaire aux personnes qui servent dans l'armée, la protection civile ou accomplissent un service civil, ainsi que des allocations de maternité.

LE PREMIER PILIER (AVS/AI/APG)

Assurance vieillesse et survivants (AVS)

L'AVS (assurance vieillesse et survivants) garantir le minimum vital en cas de perte de revenu liée à la vieillesse (âge de la retraite, hommes dès 65 ans, femmes dès 64 ans) ou au décès. Elle est perçue par la caisse de compensation qui, d'un autre côté, verse les prestations. Tous les employeurs et personnes de condition indépendante sont tenus, légalement, de s'affilier à une caisse de compensation. Le personnel de la Confédération travaillant à l'étranger y est également soumis.

Salaire soumis à cotisations

Les éléments suivants font partie du salaire déterminant sur lequel des cotisations doivent être acquittées:

- Salaires mensuels fixes
- Participation et intéressement au chiffre d'affaires
- Indemnités de vacances et de jours fériés
- 13e salaire
- Indemnités pour heures supplémentaires
- Gratifications, primes de fidélité et provisions
- Salaires en nature
- Allocations pour perte de gain en faveur des personnes servant dans l'armée, au service civil, ainsi qu'indemnités journalières AI versées par la caisse de compensation
- Allocations de maternité
- Prestations de l'employeur pour perte de gain en cas d'accident ou de maladie, pour autant qu'elles dépassent les indemnités d'une assurance
- Indemnités pour le déplacement de l'employé de son domicile au lieu de travail
- Indemnités pour la nourriture courante prise au lieu de domicile ou au lieu de travail habituel

Exonération du salaire soumis à cotisations

Les indemnités suivantes ne font pas partie du salaire soumis à cotisations:

- Allocations familiales
- Indemnités journalières des assurances-maladie et accidents
- Indemnités pour le linge, les habits et les instruments de travail

Note sur les parts par les cotisants

Les cotisations AVS/AI/APG (voir également détails plus loin) de l'employé représentent le 10.3% (8.4% AVS + 1.4% AI + 0.5% APG) du salaire brut et sont à la charge de l'employeur et de l'employé à parts égales (chacun 5.15 %). L'employeur doit déterminer le salaire brut qui se compose de divers éléments présentés plus haute, retenir la part de 5.15 % et la verser avec la sienne à la caisse de compensation. L'employeur est responsable du paiement de la cotisation totale. Cette cotisation est due non seulement pour les employés occupés à temps plein, mais aussi pour ceux occupés à temps partiel, les extra et les membres de la famille travaillant dans l'exploitation

A partir du 1er janvier suivant le 17e anniversaire, les apprentis sont soumis à cotisations sur le salaire brut total (salaire en espèces et salaire en nature). Si l'apprentissage se fait dans la propre exploitation familiale, seul le salaire en espèces est assujetti aux cotisations. Cette réglementation est valable jusqu'au 31 décembre suivant le 20e anniversaire.

Prestations

Les prestations d'assurance sont calculées par la caisse de compensation. La personne qui souhaite toucher une prestation fera valoir son droit généralement auprès de la caisse qui a perçu les dernières cotisations. Si une rente est déjà versée pour le partenaire, la caisse de compensation qui la verse est compétente.

Assurance invalidité (AI)

Les personnes qui, par suite d'une atteinte à leur santé, sont totalement ou partiellement empêchés de travailler ont droit aux prestations de l'AI. Leur problème de santé doit cependant présenter un caractère permanent ou du moins stable. Les jeunes assurés reçoivent eux aussi des prestations de l'AI lorsqu'il est rendu vraisemblable que leurs problèmes de santé les désavantageront dans leur activité lucrative. Peu importe que l'atteinte à la santé soit physique ou psychique ou qu'elle provienne d'une infirmité congénitale, d'une maladie ou d'un accident.

Prestations

Les prestations de l'AI se composent de:

- Mesures de réadaptation, accordées en priorité aux mesures de réadaptation d'ordre professionnel ou école spéciale pour les assurés de moins de 18 ans ainsi qu'aux indemnités journalières pendant les mesures de réadaptation
- Moyens auxiliaires, comme le financement de prothèses, moyens auxiliaires au poste de travail, véhicules à moteur etc.
- Rentes calculées selon le degré d'invalidité établi (rente entière pour un degré d'invalidité de 70 % au moins)

L'AI ne verse plus de prestations dès l'instant où le bénéficiaire a atteint l'âge AVS.

Assurance perte de gain (APG)

Toutes les personnes servant dans l'armée, la protection civile ou accomplissant un service civil touchent une allocation pour perte de gain. Ces prestations sont versées sur la base du revenu réalisé avant le service et sur lequel des cotisations AVS/AI/APG ont été versées. Habituellement, on y intègre aussi l'assurance maternité.

Les montants-limites sont les suivants:

```
Montant         minimal     maximal
Employés         2'310       7'350 par mois
Indépendant     27'720      88'200 par an
```

Les allocations sont calculées et versées par la caisse de compensation dès réception de la demande APG remise par l'entreprise. Ce formulaire sera complété par l'ayant droit avec les indications le concernant personnellement et signé. L'employé transmettra la demande à son employeur qui confirmera le salaire. L'employeur adresse ensuite la demande APG à la caisse de compensation.

L'allocation APG revient à l'employeur qui a versé le salaire pendant la durée du service. Si l'allocation est plus élevée que le versement du salaire, l'employé reçoit la différence. Pour les assurés sans employeur, l'allocation est versée directement à l'ayant droit.

ASSURANCE MATERNITÉ (AM)

Droit

Ont droit à l'allocation les mères qui ont été assurées à l'AVS pendant les neuf mois ayant immédiatement précédé la naissance de l'enfant, et qui ont exercé une activité lucrative durant au moins cinq mois pendant cette période. Le droit est accordé aux femmes qui, lors de la naissance de leur enfant:

- sont employées.
- exercent une activité lucrative indépendante.
- travaillent dans l'établissement du partenaire ou familial et touchent un salaire en espèces.

Prestations

L'allocation se monte à 80% du revenu moyen de l'activité réalisé avant l'accouchement, mais au plus 196.– par jour. Le droit aux prestations s'ouvre le jour de la naissance de l'enfant et s'éteint au plus tard après 98 jours (exception faite de Genève, voir ci-dessous). Si la mère reprend son activité plus tôt, le droit sera remplacé par le versement du salaire.

Le 1er juillet 2005, une nouvelle loi cantonale instituait une assurance en cas de maternité et d'adoption spécifique pour Genève. Cette dernière complète le régime fédéral et maintient un régime d'allocations plus généreux quant à leur durée, soit 16 semaines (112 jours).

Lorsque l'employeur continue de verser le salaire pendant la durée du droit, la caisse de compensation verse l'allocation de maternité à l'employeur.

Demande

L'employée remplit le formulaire de demande d'allocation de maternité, y joint une copie de l'acte de naissance et les transmet à son employeur. Celui-ci complète le formulaire et le fait suivre à la caisse de compensation. Les personnes de condition indépendante envoient le formulaire directement à leur caisse de compensation.

ASSURANCE CHÔMAGE (AC)

Comme l'AVS, l'assurance-chômage (AC) est une assurance sociale obligatoire. Elle accorde des prestations en cas de chômage, des indemnités en cas d'intempéries, des indemnités en cas de réduction de l'horaire de travail et des indemnités en cas d'insolvabilité de l'employeur.

Obligation

L'employeur est tenu de déduire du salaire de chaque employé la part de cotisation et de la verser avec la sienne à la caisse de compensation AVS compétente. Les personnes à l'âge de la retraite (dès 65 ans pour les hommes, dès 64 ans pour les femmes) ne sont plus assujetties à cotisation.

Cotisations

Le taux de cotisation AC est fixé à 2.2% jusqu'à un salaire annuel de 126'000.-
(10'500.- par mois). Une cotisation de solidarité de 1% est perçue sur les salaires dès
10'500.- par mois. La moitié de cette cotisation peut être déduite du salaire de l'employé. L'employeur verse les cotisations AC en même temps que les cotisations AVS à
sa caisse de compensation.

Prestations

Les prestations en cas de chômage doivent être revendiquées à la caisse d'assurance
chômage du canton de domicile de l'ayant droit.

LOI SUR LA PRÉVOYANCE PROFESSIONNELLE (LPP)

Le 2e pilier doit permettre, ensemble avec les prestations de l'AVS/AI, de maintenir le
niveau de vie actuel. Les dispositions de la Loi fédérale sur la prévoyance professionnelle, survivants et invalidité (LPP) font foi pour la prévoyance professionnelle.

Personnes assurer

Chaque employeur est tenu d'assurer ses employés auprès d'une caisse de pension,
dès qu'ils gagnent plus de 1'755.- par mois (21'060.- par année). Si un contrat de travail limité à une période maximale de trois mois a été convenu, l'employé ne doit pas
être assuré. Il y a toutefois obligation d'assurer lorsque un contrat de travail limité de
un à trois mois est prolongé (l'obligation d'assurer prend effet dès le jour auquel la prolongation est convenue).

Comme pour l'AVS, l'obligation d'assurer commence le 1er janvier suivant le 17e anniversaire et se termine à la fin du mois du 65e anniversaire pour les hommes et du 64e
anniversaire pour les femmes. Dans la prévoyance professionnelle, on distinguera encore deux catégories d'âge:

- Jusqu'au 31 décembre suivant le 24e anniversaire, seules les prestations en cas
  d'invalidité et de décès sont assurées
- Dès le 1er janvier suivant le 24e anniversaire, les prestations de vieillesse sont aussi financées et capitalisées, en plus des prestations d'invalidité et de décès.

Salaire assuré

Dans la prévoyance obligatoire selon la LPP, seule une partie du salaire est assurée:
le salaire "coordonné" ou le salaire "assuré". Pour le calcul du salaire assuré, le montant de coordination est déduit du salaire brut AVS.

Cotisations

L'employeur prend à sa charge au moins la moitié des cotisations. Le montant (taux) des cotisations dépend de l'âge et du plan sélectionné à la caisse de compensation.

A titre d'exemple, ci-après un exemple de plan de cotisation LPP*

```
Salaire assuré = salaire brut AVS % déduction de coordination
```

Plan	Base	Top
Déduction de coordination	2'056.25	2'056.25
Salaire mensuel maximal assuré	4'972.50	68'152.50

Âge / Contrat	Fixe	Progressif
18-24	14%	–
25-34	14%	11%
35-44	14%	14%
45-54	14%	19%
55-64/65	14%	22%

Source: gastrosocial.ch

Maladie et accident

En cas d'incapacité de travail, suite à une maladie ou un accident, l'obligation de cotiser est maintenue dès le début de l'incapacité de travail pendant trois mois sur la base du salaire assuré jusqu'ici. S'il y a des fluctuations des salaires, on tiendra compte du salaire moyen des six derniers mois. Après cette période d'attente, la prévoyance est maintenue par la caisse de pension sans paiement de cotisations, jusqu'au moment où l'employé sera apte au travail.

Maternité

L'employée reste assurée sur la base du salaire brut réalisé le dernier mois avant l'accouchement. En cas de salaire variable, le salaire moyen des six derniers mois fait foi.

Rachat d'années de cotisations manquantes

En effectuant un versement facultatif à la caisse de pension, les assurés peuvent augmenter leur avoir sur le compte de vieillesse ainsi que les prestations à l'âge de la retraite. En outre, le montant payé peut être porté en déduction du revenu sur la déclaration d'impôt.

Indemnités de vacances, gratifications, provisions

Tout élément de salaire supplémentaire sera ajouté au salaire brut du mois concerné. La cotisation est calculée en fonction du montant total.

Prestation

Retrait du capital pour la propriété du logement

Chaque personne assurée qui a au moins 20'000.- sur son compte de vieillesse peut tous les cinq ans retirer ou mettre en gage un montant jusqu'à hauteur de la prestation de libre passage (avoir de vieillesse) pour la propriété d'un logement servant à son propre usage. Après 50 ans, le montant disponible est limité.

Prestations en cas de sortie

En cas de changement de place de travail et caisse de pension, la prestation de libre passage sera virée à la nouvelle caisse de pension. L'employé communique par écrit auprès de quelle caisse de pension il est nouvellement assuré. Si l'assuré débute une activité lucrative indépendante ou s'il quitte définitivement la Suisse, un paiement de la prestation de libre passage est possible. Un tel versement est cependant limité si l'employé s'établit dans un Etat membre de l'Union Européenne ou de L'Association européenne de libre-échange (AELE).

ASSURANCE ACCIDENTS NON PROFESSIONNELS (AANP)

Chaque employeur a l'obligation légale, vis-à-vis de ses employés, de les assurer pour les risques d'accident.

Obligation d'assurer

Tous les employés doivent être assurés pour les accidents professionnels (AP). Les employés ne sont assurés pour les accidents non professionnels (ANP) que si la durée de travail est supérieure à 8 heures par semaine. L'employeur qui conclut une assurance insuffisante supporte les conséquences légales.

La prime de l'assurance-accidents non professionnels (ANP) peut être déduite du salaire de l'employé.

Prestations

En plus des frais de guérison, l'assurance-accidents verse une indemnité journalière de 80% du salaire brut dès le troisième jour après l'accident. Pendant les deux premiers jours après l'accident, l'employeur versera habituellement entre 80 et 100% du salaire brut.

233. CHARGES SOCIALES PAYÉES PAR L'EMPLOYEUR

L'employeur qui emploie une personne doit aussi payer une part des cotisations aux assurances sociales de ses employés. Cela signifie que pour chaque assurance pour laquelle un montant est prélevé auprès de l'employé, l'employeur devra également mettre au moins le même montant de sa poche.

Attention, le fait que l'employeur paye des charges sociales ne veut pas dire qu'il est assuré auprès des différentes caisses. Cela veut simplement dire que l'employeur participe aux frais de ses employés. Ainsi, les employeurs ne cotisent pas à la caisse d'assurance chômage. Lorsqu'ils se retrouvent au chômage ils ne touchent donc pas d'allocation chômage.

Il est très important de noter que le coût mensuel du travail d'un employé n'est pas égal à son salaire brut, en effet, le coût du travail comprend les salaires mensuels bruts versés aux salariés et l'ensemble des cotisations sociales versées par l'employeur.

CAISSE D'ALLOCATIONS FAMILIALES (CAF)

Les allocations familiales (allocations pour enfants, allocations de formation professionnelle, allocations de naissance et allocations d'adoption) sont réglementées par la Loi fédérale sur les allocations familiales (LAFam) et par les lois cantonales. Les allocations doivent permettre aux parents de couvrir, au moins en partie, les coûts occasionnés pour l'entretien de leurs enfants.

Tous les employeurs, toutes les personnes de condition indépendante et toutes les personnes sans activité lucrative qui doivent verser des cotisations AVS ont l'obligation de s'affilier à une caisse d'allocations familiales.

Le rôle fondamental de la CAF se résume ainsi:
- Encaissement des cotisations AF auprès des l'employeurs et des personnes de condition indépendante
- Versement des allocations familiales aux ayants droit par l'intermédiaire de l'employeur ou portées au crédit du compte de l'indépendant.

Obligation

Les taux de cotisations diffèrent d'un canton à l'autre. Les cotisations AF sont à la charge entière des employeurs, des personnes de condition indépendante et des personnes sans activité lucrative (exception: canton du Valais). Toutes les personnes de condition indépendante et tous les employeurs occupant du personnel soumis à l'AVS sont tenus de payer des cotisations AF, y compris pour les employés sans charge d'enfant.

Prestations

Selon la Loi fédérale sur les allocations familiales, les montants minimaux suivants sont dus par enfant et par mois:

- Allocation familiale, 200.- par enfant jusqu'au 16e anniversaire; en cas d'incapacité de gain de l'enfant, les allocations sont versées jusqu'au 20e anniversaire
- Allocation de formation professionnelle 250.- par enfant dès le 16e anniversaire, jusqu'à la fin de la formation, mais au maximum jusqu'au 25e anniversaire
- Les cantons peuvent fixer des allocations familiales plus élevées ainsi que des allocations de naissance et des allocations d'adoption, par le biais de leur règlement sur les allocations familiales

Dans le but d'une harmonisation, la loi stipule cependant que:

- Seules des allocations pleines sont octroyées
- Ont droit aux allocations les personnes qui versent des cotisations AVS sur un revenu d'au moins 7'020.- par année
- En cas d'incapacité de travail (p.ex. maladie ou accident), les allocations seront payées, dès le début de l'empêchement de travailler, pendant le mois courant et les trois mois suivants (également après la fin du droit au salaire)
- En cas de vacances non payées, les allocations familiales sont versées le mois courant et pendant les trois mois suivants
- Les allocations pour les enfants à l'étranger ne sont versées que dans les Etats de l'UE, de l'AELE ainsi que dans la Serbie, le Monténégro et la Bosnie-Herzégovine
- Les personnes sans activité lucrative ont droit aux allocations familiales si leur revenu annuel imposable ne dépasse pas une fois et demie le montant d'une rente de vieillesse maximale de l'AVS (42'120.- par année) et pour autant qu'elles ne touchent pas des prestations complémentaires à l'AVS/AI
- Les cantons financent les allocations pour les personnes sans activité lucrative.

Registre fédéral des allocations familiales

Le registre central permet d'empêcher le cumul d'allocations. La loi prévoit que les employeurs et les personnes de condition indépendante sont tenus d'annoncer toute modification à leur caisse dans un délai de 10 jours ouvrés. La caisse déclare au registre les demandes d'allocations et les modifications du droit.

Genève fait partie des rares cantons ou les allocations familiales ne sont pas versées par l'employeur mais directement par la caisse d'allocation familiale.

ASSURANCE ACCIDENTS PROFESSIONNELS (AAP)

La prime de l'assurance-accidents professionnels obligatoire (AP) est à la charge de l'employeur. L'employeur doit verser à l'employé qui subit un accident professionnel, la différence jusqu'à concurrence de 100% du salaire brut pendant la durée fixée à l'art. 324a CO.

Un accident qui se produit sur le trajet de travail est aussi réputé accident professionnel.

A noter que l'employeur paie l'intégralité des primes d'assurances accidents (AAP + AANP) en début d'année et prélève chaque mois l'AANP sur le salaires de ses employés.

234. ASSURANCES SOCIALES ET FICHE DE SALAIRE

TAUX DES ASSURANCES SOCIALES

Pour chaque assurance sociale, il y a un taux de cotisation qui est calculé sur la base du salaire brut (ou du salaire coordonné pour la LPP). Ce taux est fixé par la loi. Voici les taux actuellement en vigueur sur le canton de Genève.

```
AVS   :    4.20%
AI    :    0.70%
APG   :    0.25%
AC    :    1.10% jusqu'à 126'000.-
           0.5% pour la tranche dépassant 126'000.-
AM    :    0.041%
ALFA  :    2.40%
AA    :    taux variable

Contribution aux frais d'administration  :    autre ou 0.16%
```

FICHE DE SALAIRE

Décompte de salaire	JANVIER 20__		Genève, le 25 janvier 20__
	Employeur		**Travailleur**
Prénom, nom	ECOLDE Caume	APR Nant	Impôt à la source
Rue	2 rte de Base	2 rte du Succès	Salaire horaire: 30.-/h.
NPA, localité	1201 Genève	1201 Genève	Nb d'heures: 10h.

Salaire	**Taux**	**Par heure**	**Sur la période**
Salaire du travail		30.00	300.00
Supplément vacances	8.33%	2.50	24.99
Salaire brut du travailleur		**32.50**	**324.99**

Cotisations de l'employeur	**Taux**	**Par heure**	**Sur la période**
AVS/AI/APG	5.15%	1.67	16.74
AC	1.10%	0.36	3.57
CAF	2.30%	0.75	7.47
FA	0.52%	0.17	1.67
LAMA	0.041%	0.01	0.13
AAP			
Total des cotisations de l'employeur	**9.11%**	**2.95**	**29.60**
Dépenses réelles de l'employeur		**35.46**	**354.58**

Cotisations du travailleur	**Taux**	**Par heure**	**Sur la période**
AVS/AI/APG	5.15%	1.67	16.74
AC	1.10%	0.36	3.57
LAMA	0.041%	0.01	0.13
ANP			
Impôt à la source	5.00%	1.62	16.25
Total des cotisations du travailleur	**11.29%**	**3.65**	**36.70**
Salaire net du travailleur		**28.85**	**288.29**

Prestations aux destinataires	**Par heure**	**Sur la période**
Cotisations à la caisse de compensation	5.90	58.80
Cotisations à la caisse d'allocations familiales	0.75	7.45
Impôt à la source au fisc	1.62	16.25

235. COMPTABILISATION DES SALAIRES

Afin de se rapprocher de la réalité, nous complèterons le plan comptable avec les comptes suivants:

5200 Salaires de base

5210 Salaires variables et commissions

5220 Primes occasionnelles

5230 Avantages accessoires

5240 Honoraires et indemnités du CA

5270 AVS, Al, APG, assurance-chômage

5271 Caisse AF (ALFA)

5272 Prévoyance professionnelle

5273 Assurance accidents

5274 Autres assurances

5275 Impôts à la source payé par employeur

5278 Caisse professionnelle

5279 Arrondis sur charges sociales

COMPTABILISATION DE LA PART EMPLOYÉ

Dans le principe, le salaire brut sera toujours indiqué dans le compte salaire. Le salaire net, quant à lui représentera les liquidités équivalentes au paiement du salaire. La différence entre les deux montant sera ventilée dans différents comptes enregistrant les dettes aux assurances sociales (2150)

Exemple (taux de cotisation LPP et montant de coordination donnés):

#	Date	Compte débité	Compte crédité	Libellé	Somme débitée	Somme créditée
25	25/11/__	5200	-	Salaire brut	6'800.-	-
		-	2150	AVS/AI/APG/AC/AM 6'800 x 6.291%	-	427.8-
		-	2150	LPP 6.5% x 4'743.75 (6'800-2'056.25)	-	308.35
		-	2150	AANP 1.4% x 6'800	-	95.2-
		-	Liquidités	N/ versement salaire net	-	5'968.65

COMPTABILISATION DE LA PART EMPLOYEUR

Paiement des primes AAP et AANP

Le paiement des primes concernant les assurances accidents professionnels et non professionnels se fait en début de chaque année sur la base d'une estimation des salaires. Ces primes sont enregistrées dans le compte "Assurance accidents".

Exemple:

#	Date	Compte débité	Compte crédité	Libellé	Somme débitée	Somme créditée
1	5/1/__	5273	Liquidités	Paiement des primes AAP et AANP	45'000.-	45'000.-

Comptabilisation de la part employeur du salaire

De manière générale, les assurances sociales auxquels l'employeur doit cotiser sont comptabilsées dans les comptes charges sociales correspondants aux charges patronales qui s'ajoute aux salaires et dans un compte de dettes envers assurances sociales (2150).

Exemple (taux de cotisation LPP et montant de coordination donnés):

#	Date	Compte débité	Compte crédité	Libellé	Somme débitée	Somme créditée
26	25/11/__	-	2150	Part patronale des cotisations sociales	932.55	-
		5270	-	AVS/AI/APG/AC/AM 6'800 x 6.291%	-	427.8-
		5271	-	ALFA 2.4% x 6'800	-	163.2-
		5272	-	LPP 7.2% x 4'743.75 (6'800-2'056.25)	-	341.55

PAIEMENT DES COTISATIONS

Au débit, le compte de dettes envers assurances sociales (2150) doit solder la somme des parts employeur et employé ,due aux différentes caisses.

Exemple:

| # | Date | Compte | | Libellé | Somme | |
		débité	crédité		débitée	créditée
27	28/11/__	2150	Liquidités	Paiement des parts employés et employeur	1'668.7-	1'668.7-

236. AUTRES OPÉRATIONS

AVANCE SUR SALAIRE

Il est possible que l'employeur accorde une avance à l'employé. Lorsqu'un employeur avance une partie du salaire à son employé, il considère cette avance comme une créance de l'employé envers l'entreprise (1300, salaires et charges payées d'avance). A la fin du mois, il déduira sur la fiche de salaire de l'employé l'avance faite.

Exemple:

#	Date	Compte		Libellé	Somme	
		débité	crédité		débitée	créditée
28	3/12/__	1300	Liquidités	Avance de salaire à l'employé E	1'000.-	1'000.-

RETENUES POUR POURSUITES

Il peut également arriver qu'un employé soit en défaut de paiement et qu'il soit mis en poursuite par un tiers. Dans ce cas, l'employeur est dans l'obligation de prélever chaque mois un montant déterminé sur le salaire de l'employé poursuivi.

La partie du salaire sera prélevé à la Poste/Banque et reversé à l'Office des Poursuites. Dans la comptabilité cependant, cela n'a que peu d'incidence car cela représente un salaire à payer par l'entreprise, peu importe à qui il est versé et pour quelle raison…

Exemple: retenue sur le salaire d'un employé payée par virement postal 500.-

#	Date	Compte		Libellé	Somme	
		débité	crédité		débitée	créditée
29	5/12/__	Salaire	Liquidités	Retenue sur salaire	500.-	500.-

24. CLÔTURE ET BOUCLEMENT

241. TRAVAUX PRÉPARATOIRES

BALANCE DE VÉRIFICATION DES SOLDES

Rappelons que chaque opération comptable est passée simultanément au débit d'un compte et au crédit d'un autre compte. Ainsi, la somme des opérations passées au débit est égale à la somme des opérations passées au crédit. La balance de vérification des soldes reproduit l'état de l'exercice à partir du grand livre en regroupant tous les totaux des soldes créditeurs et débiteurs: elle permet permet de dresser un "tableau de clôture", outil de contrôle et support à l'audit de l'entreprise.

Exemple:

	Montants		Soldes	
	débités	**crédités**	**débit**	**crédit**
ADM	1'800'000.-	10'000.-	1'790'000.-	
Banque	60'000.-	55'000.-	5'000.-	
Capital		100'000.-		100'000.-
Clients	20'000.-	13'000.-	7'000.-	
Fournisseurs	30'000.-	45'000.-		15'000.-
Frais bancaires	40'000.-		40'000.-	
Honoraires	100'000.-		100'000.-	
Immeubles	228'000.-		228'000.-	
Matériel	45'000.-		45'000.-	
Stock	30'000.-		30'000.-	
Vente de P1	50'000.-	1'600'000.-		1'550'000.-
Vente de P2	20'000.-	600'000.-		580'000.-
Totaux	2'423'000.-	2'423'000.-	455'000.-	2'245'000.-

LES COMPTES TRANSITOIRES

Pour aborder la question des comptes transitoires, nous étudierons, en autre, le fonctionnement d'une entreprise de fabrication de T-shirt. Comme pour toute personne (physique ou morale), un des principes fondamentaux est la séparation des périodes, qui implique que tous les flux financiers soient recensés durant un exercice comptable. Il n'est donc théoriquement pas possible d'enregistrer un flux financier qui ne concerne pas la période traitée. Pour la plupart des opérations, cela ne pose aucun problème; cependant, il existe des situations pour lesquelles cette concordance temporelle n'a pas lieu: nécessitant ainsi des écritures d'ajustement aussi appelées écritures de bouclement.

Voici quelques exemples de telles opérations:

1. Pour des raisons pratique, le payement du loyer, dû pour le mois à venir, s'effectue le 28 décembre (charge payée d'avance)
2. Nous devrions recevoir une commission, fixée par contrat, sur les ventes de t-shirt réalisées durant l'année, mais n'avons pas encore envoyé de facture (produits à recevoir)
3. Une boutique souhaite recevoir un lot de t-shirt, livrable en janvier; au vue de la taille de la commande, et afin que nous puissions passer la commande, le payement d'un acompte est versé en décembre (produit reçu d'avance)
4. La facture des contrôleurs aux comptes couvrant l'année ne sera reçue que plus tard, une fois les vérifications effectuées (charge à payer)

Dans ces trois cas, un ajustement est nécessaire afin que le flux financier soit correctement enregistré, et que la comptabilité reflette bien la réalité de charges et produits réalisés durant l'année (ce qui permet notamment de pouvoir comparer les exercices).

Si nous ne procédions à aucun ajustement, voici ce qu'il se passerait:

1. Le solde de nos comptes de liquidité ne correspondrait pas avec le solde réel; si nous passions l'écriture "loyer à compte de liquidité" au moment du paiement nous ne présenterions pas les loyer dus durant l'année
2. Le revenu supplémentaire ne serait tout simplement pas comptabilisé
3. Le solde de nos comptes de liquidité ne correspondrait pas avec le solde réel; si nous passions l'écriture "compte de liquidité à vente de marchandises" au moment de l'encaissement, nous surévaluerions par ailleurs les ventes de l'année
4. Nos charges pour l'année courante seraient sous-évaluées

Pour régler ces problèmes, nous allons créer deux comptes: les actifs et passifs "transitoires", respectivement des créances et des dettes. Etudions leurs fonctionnement…

Actifs transitoires (ATR)

Charges payées d'avance (CPA)

Regardons en détail les écritures pour le payement en décembre du loyer de janvier. Il s'agit d'une charge payée d'avance que nous allons enregistrer comme nous l'aurions fait s'il s'agissait d'un paiement de loyer normal:

#	Date	Compte débité	Compte crédité	Libellé	Somme débitée	Somme créditée
30	28/12/__	Loyer	Liquidités	N/ payement du loyer de janvier	2'500.-	2'500.-

Le 31 décembre, nous corrigeons cette écriture au moyen du compte "actifs transitoires", ce qui nous permet d'annuler l'enregistrement du loyer qui ne concerne pas l'exercice en cours:

D+	6000 LOYERS			C-
28/12/__ N/ payement	1'500		1'500	31/12/__ Ecriture transitoire
Solde pour balance	**0**			
	1'500		**1'500**	

L'écriture pour cette opération étant:

#	Date	Compte débité	Compte crédité	Libellé	Somme débitée	Somme créditée
31	31/12/__	ATR / CPA	Loyer	Ecriture d'ajustement pour N/ payement du loyer de janvier	1'500.-	1'500.-

Imaginons un compte de résultat pour le mois de décembre, sans cette dernière écriture mais qui inclue un payement du loyer au 1er décembre, cela pourrait donner ceci:

CHARGES	COMPTE DE RESULTAT EN CHF DU 1ER AU 31 DÉCEMBRE 20__		PRODUITS
Salaires	2'000.-	Honoraires	5'000.-
Loyer (décembre + janvier)	3'000.-	**Pertes**	**40.-**
Intérêt-charges	40.-		
Total des charges	**5'040.-**	**Total des produits**	**5'040.-**

On observe une perte, alors qu'en réalité, nous devrions avoir un bénéfice de 1'460.-

CHARGES	COMPTE DE RESULTAT EN CHF DU 1ER AU 31 DÉCEMBRE 20__		PRODUITS
Salaires	2'000.-	Honoraires	5'000.-
Loyer du mois	1'500.-		
Intérêt-charges	40.-		
Bénéfice	1'460.-		
Total des charges	**5'000.-**	**Total des produits**	**5'000.-**

Produits à recevoir (PAR)

Regardons en détail les écritures pour lorsque nous n'avons pas encore envoyé la facture pour une commission sur les ventes réalisées durant l'année. Il s'agit d'un produit à recevoir, car, si le calcul précis de la commission sur les ventes annuelles ne peut pas se faire avant que l'exercice soit terminé, mais il concerne bien l'année écoulée. Nous aurions normalement dû avoir une créance et allons donc utiliser un actif transitoire.

Nous allons passer l'écriture transitoire pour comptabiliser le produit lié à la commission:

#	Date	Compte		Libellé	Somme	
		débité	crédité		débitée	créditée
32	31/12/__	ATR / PAR	Honoraires	Commission selon contrat CCC	12'500.-	12'500.-

Selon le montant de la commission, on se rend bien compte de son importance pour le calcul du résultat.

Passifs transitoires (PTR)

Produit reçu d'avance (PRA)

Regardons en détail les écritures pour lorsque une commande est livrable en début d'année prochaine, payement d'un acompte dans l'année en cours, visible sur les décomptes postaux ou bancaires. Il s'agit d'un produit reçu d'avance car la vente n'est effective qu'au moment de la livraison: le payement ne concerne donc pas l'année en cours. Dans un premier temps, nous allons enregistrer l'encaissement du montant de la vente comme nous l'aurions fait s'il s'agissait d'une transaction classique:

#	Date	Compte		Libellé	Somme	
		débité	crédité		débitée	créditée
33	31/12/__	Liquidités	Ventes	N/ vente de marchandise, livrable en début d'année	4'990.-	4'990.-

Cette écriture est ensuite "corrigée" au moyen du compte "passifs transitoires". Nous avons en effet, de manière contractuelle, une dette envers la boutique. Cette opération permet en outre de supprimer l'enregistrement de la vente de marchandises:

D+	6000 LOYERS		C-
31/12/__ Payement reçu	4'990	4'990 31/12/__ N/ vente, liv. déb. an	
Solde pour balance	**0**		
	4'990	**4'990**	

L'écriture pour cette opération étant:

#	Date	Compte		Libellé	Somme	
		débité	crédité		débitée	créditée
34	31/12/__	Ventes	PTR / PRA	Ecriture d'ajustement pour avance reçue	4'990.-	4'990.-

Selon le montant de l'acompte, on se rend bien compte de son importance pour le calcul du résultat.

Charge à payer (CAP)

Regardons en détail les écritures pour lorsqu'une facture couvrant une période se terminant en fin d'exercice n'est reçue qu'en début d'exercice suivant (charge prévisible à payer). Dans le cas de la fiduciaire qui contrôle nos comptes, il s'agit bien d'une dette envers un prestataire sur l'année en cours et allons donc utiliser un passif transitoire.

#	Date	Compte		Libellé	Somme	
		débité	crédité		débitée	créditée
35	31/12/__	ACE	PTR / CAP	Contrat avec les contrôleurs aux comptes	5'000.-	5'000.-

Dans les présentés ici, la somme des produits et/ou des charges ne varient pas énormément; suffisamment cependant pour faire passer le résultat de l'exercice d'une perte à un bénéfice. Si l'un des montants venait à varier, son impact serait donc majeurs sur la perception de la rentabilité de l'entreprise, cela de manière presque aléatoire si l'on ne tiens pas compte des ajustements ou écritures de bouclement.

Dans la partie suivante, nous verrons comment les écritures d'ajustement sont extournées afin de produire un bilan d'ouverture représentatif de ce que possède ou doit réellement l'entreprise.

Opérations à passer durant l'année N+1

Durant l'exercice comptable, il s'agit d'extourner les opérations transitoires réalisées durant l'année précédente. On reprendra donc de manière systématique les écritures concernant les comptes transitoires. On aura ainsi fait transiter un flux financier d'une année sur l'autre.

Extournes

#	Date	Compte débité	Compte crédité	Libellé	Somme débitée	Somme créditée
1	1/1/__	Loyer	ATR	Extourne CPA écriture 26	1'500.-	1'500.-
2	5/1/__	Honoraires	ATR	Extourne PAR écriture 27	12'500.-	12'500.-
3	15/1/__	PTR	Ventes	Extourne PRA écriture 29	4'990.-	4'990.-
4	30/1/__	PTR	ACE	Extourne CAP écriture 30	5'000.-	5'000.-

Les opération liées à ces transactions surviendront durant l'année. Il s'agira alors de les comptabiliser tout à fait normalement. Par exemple pour les comptes "à recevoir" PAR et "à payer" CAP: la commission est réglée, suite à l'envoi de notre facture du 5/1/__ (écriture #2), puis nous payons quelques jours après, la fiduciaire qui contrôle nos comptes (écriture #4).

#	Date	Compte débité	Compte crédité	Libellé	Somme débitée	Somme créditée
5	4/2/__	Liquidités	Honoraires	Contrat avec les contrôleurs aux comptes	12'500.-	12'500.-
6	15/2/__	ACE	Liquidités	Contrat avec les contrôleurs aux comptes	5'000.-	5'000.-

242. AMORTISSEMENTS

L'amortissement représente la perte de valeur d'un actif au cours du temps. Il y a deux raisons pour lesquelles cette perte de valeur survient.

- L'usure de l'actif, par exemple une voiture s'use aux grès des kilomètres; dans le cas d'un accident qui détruit un véhicule, certes d'usure un peu extrême, le véhicule devra être totalement amorti…

- L'obsolescence; un actif va perdre de la valeur car de nouvelles technologies apparaissent et rendre les anciens moins attractifs, même s'il n'ont jamais été utilisés.

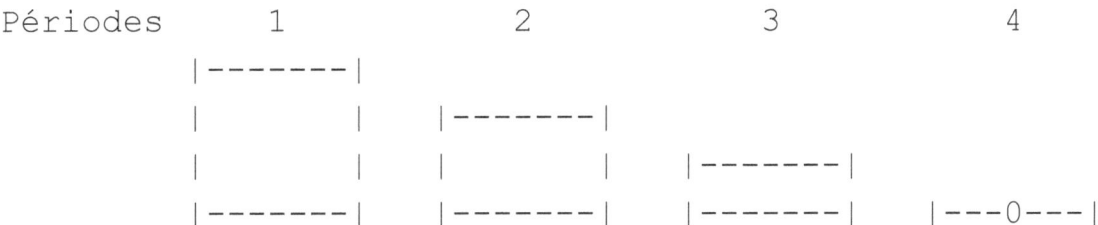

```
Valeur comptable d'un bien (amortissement sur 3 périodes)
Périodes       1              2              3              4
               |-------|
               |       |      |-------|
               |       |      |       |      |-------|
               |-------|      |-------|      |-------|      |---0---|
```

CALCULS LIÉS À L'AMORTISSEMENT

Nous allons ici illustré nos propos au travers d'une petite entreprise de services de graphisme (société en nom propre). Pour calculer l'amortissement d'un bien en fin d'année, il y a deux possibilités:

Taux d'amortissement donné

```
Amortissement = valeur d'acquisition x taux d'amortissement
```

Exemple : on achète une machine d'imprimerie en début d'année; machine qui selon le vendeur perd environ 10% de sa valeur chaque année (le taux d'amortissement est donc de 10%). L'amortissement à comptabilisé à la fin de l'année sera donc le prix de la machine x 10%.

Durée de vie présumée de l'actif connu

```
Amortissement = Valeur d'acquisition / Nombre d'années corres-
                pondant à la durée de vie présumée du bien
```

Exemple : on achète un ordinateur de dessin assisté par ordinateur (DAO); notre expérience montre que sa durée de vie est d'environ trois ans. L'amortissement à comptabilisé à la fin de l'année sera donc de le prix de la machine / trois.

L'AMORTISSEMENT DANS LA COMPTABILITÉ

Selon l'art 960 al. 2 du code des obligations, "La valeur de tous les éléments de l'actif ne peut y figurer pour un chiffre dépassant celui qu'ils représentent pour l'entreprise à la date du bilan". Lorsqu'un actif perd de sa valeur, il est donc nécessaire de corriger la valeur de cet actif afin que le bilan de l'entreprise reste conforme à la réalité. Etant donné qu'il y a une perte de valeur pour l'entreprise, il s'agira d'enregistrer la charge correspondante. Afin de se rapprocher de la réalité, nous complèterons le plan comptable avec les comptes suivants:

6900 Dépréciations sur titres

6910 Amo. sur machines

6920 Amo. mobilier et installations

6930 Amo. informatique

6940 Amo. sur véhicules

6950 Amo. sur bâtiments

6960 Autres amortissement

Il existe deux manières de comptabiliser un amortissement: de manière direct ou indirect. Nous commencerons par étudier le premier.

L'amortissement direct

La journalisation d'un amortissement selon la méthode directe est relativement aisée. En effet, il suffit de comptabiliser la charge d'amortissement et de diminuer la valeur de l'actif correspondant.

Exemple: En fin d'année comptable, nous amortissons les véhicules de l'entreprise pour 10'000.-

#	Date	Compte débité	Compte crédité	Libellé	Somme débitée	Somme créditée
36	20/12/__	6940	Véhicule	Amortissement des véhicules	10'000.-	10'000.-

L'amortissement indirect

Pour l'amortissement indirect, nous gardons la valeur d'acquisition dans le bilan. On utilisera des comptes d'actif d'amortissement cumulé (AC) dit "négatif" car ils diminuent la valeur des actifs auxquels ils se rapportent.

Il existe différents comptes actifs négatifs pour corriger le bilan:

```
1509  AC /machines          1609  AC /immeuble
1519  AC /mobilier          1709  AC /brevets
1529  AC /informatique      1779  AC /goodwill
1539  AC /véhicules         1809  AC /charges activées
                                  (expl: frais de fondation)
```

Voici un exemple de bilan avec des comptes d'amortissement cumulé:

ACTIFS	BILAN* EN CHF AU 31 DÉCEMBRE 20__		PASSIFS
Actifs circulants		**Fonds étrangers / dettes à court terme**	
Liquidités	13'556.-	Fournisseurs	2'000.-
Créances	890.-	Autres dettes CT	25'000.-
Stock	1'000.-	Dettes à LT	130'000.-
Actifs immobilisés		**Fonds propres**	
Mobilier	5'000.-	Capital	14'592.-
Matériel informatique	10'250.-		
Véhicules % AC /véhicule	25'896.- 10'000.-		
Immeubles % AC /immeubles	120'000.- 20'000.-		
Total des actifs	**171'592.-**	**Total des passifs**	**171'592.-**

* Avant opérations de clôture (voir chapitre suivant)

Selon ce bilan la valeur d'acquisition des véhicules est de 25'896.- et la valeur résiduelle de 15'896.- (25'896 - 10'000). Pour les immeubles, le bilan indique une valeur d'acquisition de 120'000.- et une valeur résiduelle de 100'000.- (120'000 - 20'000).

Pour le compte de charge qui enregistre l'amortissement, il n'y a aucune différence par rapport à la méthode directe, soit selon l'exemple précédent:

#	Date	Compte		Libellé	Somme	
		débité	crédité		débitée	créditée
30	20/12/__	6940	**1539**	Amortissement des véhicules	10'000.-	10'000.-

LES DIFFÉRENTES MÉTHODES POUR AMORTIR

Il existe deux manière d'amortir les actifs: l'amortissement linéaire (ou constant) et l'amortissement dégressif.

L'amortissement linéaire

Dans la méthode de l'amortissement linéaire, la valeur de l'amortissement comptabilisée chaque année est identique. Par exemple si l'entreprise possède un ordinateur d'une valeur de 2'000.- et que les règles comptable (interne) précise qu'il faut l'amortir sur 5 ans, la valeur de l'amortissement est de 400.- et chaque année, on diminuera la valeur comptable de cet ordinateur de 400.-. La base de calcul pour l'amortissement linéaire est donc la valeur d'acquisition.

Exemple pour une armoire ayant une valeur d'acquisition de 2'000.- amortie à un taux de 20%.

```
Année     Amortissement                     Valeur comptable résiduelle
N         2'000 x 20 / 100 = 400.-    1'600.-
N+1       2'000 x 20 / 100 = 400.-    1'200.-
N+2       2'000 x 20 / 100 = 400.-     800.-
N+3       2'000 x 20 / 100 = 400.-     400.-
N+4       2'000 x 20 / 100 = 400.-       0.-
```

L'amortissement dégressif

Dans le cas de l'amortissement dégressif, on ne va pas comptabiliser un montant identique chaque année, mais se baser sur la valeur comptable résiduelle pour calculer la valeur de l'amortissement. La démarche est un peu plus complexe, mais présente une valeur comptable résiduelle plus réaliste que la méthode linéaire.

Exemple: le 30 juin, nous faisons l'acquisition d'une machine pour 3'000.- HT. Les frais de livraison ainsi que les frais de mise en service s'élèvent à 250.- HT. La machine est mise en service le 15 juillet et sa durée de vie est estimée à 5 ans.

Etape 1: calcul de la base amortissable

La base amortissable est la somme des montants payés (TTC si la TVA n'est pas récupérable), soit ici 2'500.- (2'000 + 2 x 250).

Etape 2: calcul du taux d'amortissement dégressif

Le taux d'amortissement dans le cadre d'un amortissement dégressif se calcule de la manière suivante: taux appliqué = coefficient dégressif / durée vie estimée

Le coefficient dégressif est donné et variable selon les durées d'amortissement, soit:

```
1.25 pour des amo. de 2 à 4 ans
1.75 pour des amo. de 5 à 6 ans —> 1.75 / 5 ans = 0.35 = 35%
2.25 pour des amo. de + de 6 ans
```

Etape 3: amortissement lors de la première année

Le début de la première annuité correspond au premier jour du mois de l'acquisition. Dans le cas présent, la machine est acquise au cours du mois de juillet, la première annuité est donc calculée à partir du 1er juillet (milieu d'année). Soit

```
3'500.- x 35% / 2 = 612.50
```

Etape 4: établir le tableau d'amortissement

```
Année   Amortissement                      Valeur résiduelle
N         3'500.-  x 35% =    612.50        2'887.50
N+1     2'887.50 x 35% = 1'010.60        1'876.90
N+2     1'876.90 x 35% =    656.90        1'220.-
N+3     1'220.-  x 35% =    427.-            793.-
N+4        793.-  x 35% =    277.55          515.45
N+5                              515.45            0.-
```

On remarque que l'on amortit un montant important les premières années. La dernière année, le solde de la valeur résiduelle est pris en compte, ici 515.45 en N+5 puisque la première année correspondait en fait à une demi-année.

Rappelons, que la méthode d'amortissement ne peut pas être modifiée en cours de route, pour des questions de simplification, les entreprises choisissent souvent l'une ou l'autre méthode pour amortir leurs actifs. Rappelons également que ces amortissements diminuent le résultat. La vente d'un bien amorti quand a lui permet, parfois de réaliser de plus-value.

VENTE D'UN BIEN AMORTI

Selon la méthode directe

La valeur d'un actif qui figure au bilan est certes censée représenter sa valeur économique, mais lors de la vente, le prix de vente ne concorde souvent pas avec sa valeur comptable. Le compte qui enregistrera cette différence est le compte de produits exceptionnels si le prix de vente est supérieur à la valeur résiduelle. Si le prix de vente est inférieur à la valeur résiduelle, on utilisera le compte de charges exceptionnelles.

Exemple: Un immeuble qui figure dans nos compte pour une valeur de 1'600'000.- est vendu pour 1'800'000.-.

| # | Date | Compte | | Libellé | Somme | |
		débité	crédité		débitée	créditée
37	21/12/__	Liquidités	-	Payement de la vente de l'immeuble I	1'800'000.-	-
		-	Immeuble	Vente de l'immeuble I	-	1'600'000.-
		-	Résultat exceptionnel	Plus-value réalisée (payement - val. comptable)	-	200'000.-

Selon la méthode indirecte

Dans la méthode indirecte, le souci réside dans le fait que le montant qui figure au bilan pour l'actif est la valeur d'acquisition. Pour trouver la valeur résiduelle, il faut prendre la valeur de l'actif et lui soustraire l'amortissement cumulé correspondant.

Exemple: Un véhicule acquis pour 25'000.- est vendu pour 16'000.-. Il a été amorti pour une valeur de 5'000.-.

| # | Date | Compte | | Libellé | Somme | |
		débité	crédité		débitée	créditée
38	22/12/__	Liquidités	Véhicule	Payement de la vente du véhicule V, acheté 25k	16'000.-	25'000.-
		AC /véhicule	-	Extourne de l'AC /véhicule	5'000.-	-
		Résultat exceptionnel	-	Moins-value réalisée (payement - val. comptable)	4'000.-	-

243. PRÉSENTATION DES COMPTES

LE RAPPORT DE GESTION

Le rapport de gestion fait partie des états financiers annuels. Classé dans l'annexe, il contient notamment les commentaires et analyses de la direction sur les comptes de l'exercice écoulé. Il est, de par les art. 958ss CO, obligatoire pour toute les sociétés sauf les entreprises individuelles et sociétés de personnes (simples, en nom collectif ou en commandite simple).

La structure du rapport de gestion

L' art. 961 CO fixe le contenu minimum d'un rapport de gestion: situation de la société et nombre d'employé, prévisions d'évolution et évaluation des risques, activités de recherche et développement, état des commandes et délais de paiement aux fournisseurs ainsi que les événements importants de l'exercice. Elles y mentionnent ausi souvent des informations sociales et environnementales: engagements en matière de développement durable, conséquences sociales de leur activité, rémunérations de ses dirigeants, etc.

Autres informations

Les entreprises soumises à la présentation des comptes pour les grandes entreprises doivent également présenter un tableau des flux de trésorerie: les variations des liquidités liées aux activités d'exploitation, d'investissement et de financement doivent être présentées séparément. Nous n'aborderons pas ici les questions de comptes consolidés. Il est cependant important de noter le principe de la prudence (avec en particulier les dispositions relatives aux amortissements, aux corrections de valeur, provisions et réserves latentes) qui restent admis pour autant que les comptes présentent une image fidèle de la situation ("true and fair view").

Résultat à quatre degrés

Lors de la clôture des comptes, les produits (comptes 3000) et les charges (comptes 4000) permettent de déterminer le résultat brut sur marchandises ou 1e degré. En y ajoutant les autres éléments liés à l'exploitation principale (compte 5000 et 6000), on met en évidence le résultat net d'exploitation (résultat I ou 2e degré). Le résultat net des activités (résultat II ou 3e degré) inclue le résultat des activités secondaires (hors exploitation, comptes 7000) et permet ainsi de dégager le résultat net des activités (résultat II ou 3e degré). Enfin, les charges et produits extraordinaires (comptes 8000) sont pris en compte, permettant de déterminer le résultat net de l'exercice (résultat III ou 4e degré).

CHARGES	COMPTE DE RESULTAT EN CHF DU 1ER JANVIER AU 31 DÉCEMBRE 20__		PRODUITS
4200 ADM / PAB	200'000.-	3200 VDM / CAB	500'000.-
4700 Frais d'achat	20'000.-	3800 Déd. accordées	(15'000.-)
4800 Déd. obtenues	(10'000.-)	3900 VS (augmentations)	25'000.-
Charges 1e degré	**210'000.-**	**Produits 1e degré**	**510'000.-**
Marge brute	300'000.-	(MB)	
5200 Salaires	150'000.-	Marge brute	300'000.-
6700 ACE	90'000.-	6800 Autres produits	10'000.-
Charges 2e degré	**450'000.-**	**Produits 2e degré**	**520'000.-**
Marge net d'exploitation	70'000.-	(MN1)	
		Marge net d'exploitation	70'000.-
		7000 Résultats annexes	13'500.-
Charges 3e degré	**450'000.-**	**Produits 3e degré**	**533'500.-**
Marge net opérationnelle	83'500.-	(MN2)	
8200 Charges exceptionnelles	88'000.-	Marge net opérationnelle	83'500.-
Charges 4e degré	**538'000.-**	**Produits 4e degré**	**533'500.-**
	(MN3)	Marge net de l'exercice	4'500.-
Total des charges	**5'000.-**	**Total des produits**	**5'000.-**

Le rapport de révision

Les dispositions légales relatives au contrôle restreint par un réviseur concernant les différentes formes juridiques se rapportent aux art. 729ss CO. Le contenu est toutefois toujours plus ou moins semblable; en voici un exemple:

"En notre qualité d'organe de révision, nous avons contrôlé les comptes annuels (bilan, compte de profits et pertes et annexe). La responsabilité de l'établissement des comptes annuels incombe au conseil d'administration alors que notre mission consiste à contrôler ces comptes. Notre contrôle a été effectué de manière telle que des anomalies significatives dans les comptes annuels puissent être constatées, notamment par des auditions, des opérations de contrôle analytiques ainsi que des vérifications détaillées des documents disponibles. Les vérifications des flux d'exploitation et du système de contrôle interne ainsi que des auditions et opérations de contrôle destinées à détecter des fraudes ne font pas partie de ce contrôle. Lors de notre contrôle, nous n'avons pas rencontré d'élément nous permettant de conclure que les comptes annuels ainsi que la proposition concernant l'emploi du bénéfice ne sont pas conformes à la loi et aux statuts". (source: Union Suisse des Fiduciaires)

RÉPARTITION DU BÉNÉFICE ET FLUX DE TRÉSORERIE

Nature des flux de trésorerie

La loi ne prescrit pas de schéma de structure fixe, mais exige (art. 961b CO) une présentation séparée des flux de trésorerie liés aux activités d'exploitation, d'investissement et de financement.

Flux de trésorerie liés aux activités d'exploitation

Méthode directe

+ encaissements de clients pour la vente de produits finis, de marchandises et de prestations de services (livraisons et prestations)
% encaissements de clients pour la vente de produits finis, de marchandises et de prestations de services (livraisons et prestations)
% paiements aux collaborateurs
+ autres encaissements
% autres paiements

Méthode indirecte

Bénéfice/perte

± amortissements/comptabilisations de plus-values (réévaluations avec effet sur le résultat) de l'actif immobilisé
± pertes/suppression provenant de corrections de valeur
± augmentation/diminution des provisions (incl. impôts différés /bénéfices)
± perte/bénéf. /vente d'immobilisations
± augmentation/diminution des créances résultant de prestations
± augmentation/diminution des stocks
± augmentation/diminution des autres créances et actifs de régularisation
± augmentation/diminution des dettes résultant de prestations
± augmentation/diminution des autres dettes à court terme et des passifs de régularisation

Cash-flow provenant de l'activité d'exploitation

Flux de trésorerie liés aux activités d'investissement

% achat

+ vente d'immobilisations corporelles

% achat

+ vente d'immobilisations financières (y c. prêts, participations, titres, etc.)

% achat

+ vente d'immobilisations incorporelles

Cash-flow provenant de l'activité d'investissement

Flux de trésorerie liés aux activités de financement

+ encaissements issus d'augmentations de capital (y c. agio)

% paiements pour réductions de capital avec libération de fonds

% distribution de bénéfice à des porteurs de parts

± achat/vente de propres actions/propres parts du capital de l'organisation

+ encaissements issus de la souscription d'emprunts – remboursements d'emprunts

± contraction/remboursements de dettes à court terme

Cash-flow provenant de l'activité de financement

L'élaboration du tableau des flux de trésorerie: cas pratique

Vous obtenez du chef comptable de l'entreprise CASHFLOW SA les informations ci-après.

Variation de la liquidités

Les liquidités ont diminuées de 214.- (341 - 143 - 16)

Résultat à la fin de l'exercice N

```
Bénéfice cumulé N-1              693.-
Dividende (5% de 4'000)         200.-   (A)
Tantièmes                        20.-   (A)
Attribution à la réserve légale  80.-
Autres réserves*                350.-   (I)
                               -------
Solde reporté sur N              43.-
Bénéfice cumulé N               420.-
                               -------
Résultat à la fin de N          377.-
                               =======
* 250 + participation A de 100.-
```

ACTIFS	BILAN* EN CHF'000 AU 31 DÉCEMBRE N ET N-1		PASSIFS		
	N	N-1		N	N-1
Actifs circulants			**Dettes à court terme**		
Liquidités	143.-	341.-	Dettes L&P	1'042	826.-
Placement	230.-	1'890.-	Fournisseurs	141.-	140.-
Créances	2'427.-	2'258.-	Dette bancaire	16.-	-.-
Stock	1'030.-	910.-	Passifs transitoires	88.-	69.-
Actifs transitoires	118.-	190.-	Provisions**	400.-	550.-
Actifs immobilisés			**Fonds étrangers long terme**		
Machines	2'940.-	1'280.-	Prêts à LT	1'171.-	1'654.-
Mobilier	110.-	150.-	Hypothèque	2'300.-	2'100.-
Véhicules	35.-	42.-	Autres dettes LT	260.-	320.-
Immeubles	6'250.-	6'300.-	**Fonds propres**		
Immo. incorporelles	5.-	10.-	Capital	4'000.-	4'000.-
Participation A	150.-	250.-	Réserve légale	900.-	820.-
Participation B	-.-	1.-	Autres réserves	2'700.-	2'450.-
			Bénéfice cumulé	420.-	693.-
Total des actifs	13'438.-	13'622.-	**Total des passifs**	13'438.-	13'622.-

* avant répartition du bénéfice   ** dont 150.- de provision pour créances douteuses

Informations complémentaires

A. Dividende de 5% et 20.- de tantièmes en N, solde resté dans l'entreprise

B. Acompte de 120.- comptabilisé par erreur à fin N-1 dans dettes L&P; facture définitive comptabilisée en juin N; 360.- avant déduction des acomptes

C. Stock de marchandises systématiquement sous-évalué de 1/3

D. Participation B vendue pour 55.-

E. Machines amorties de 20% de la valeur comptable (état à fin N)

F. Mobilier, valeur résiduelle à 15, vendu 13.- (aucun autre achat de mobilier)

G. Camion acheté 21.-, pas de reprise

H. Amo. incorporelles 5.-, bâtiment 280.-

I. Participation A amortie par débit du compte "autres réserves"

J. Augmentation de provision sur débiteurs pas économiquement justifiée

K. "Passifs transitoires" N-1 comprend des provisions de 16.- ayant caractère de fonds propres; provision dissoute en N et passée dans le compte ACE

Tableau des flux de trésorerie en partant du résultat

```
Bénéfice de l'exercice              377.-
Augmentation du stock (a)            60.-
Augmentation créances douteuses       0.-
Dissolution provisions             (16.-)   (K)
                                  --------
Bénéfice économique                 421.-
Amortissements machines (b)         735.-    (E)
Amortissements mobiliers (c)         27.-
Amortissements véhicules (d)         28.-    (G)
Amortissements immeubles            280.-    (H)
Amortissements incorporelles          5.-    (H)
Plus-value participation B          (54.-)   (D)
                                  --------
Capacité d'autofinancement        1'442.-
Var. dettes L&P (e)                  96.-    (B)
Var. fournisseurs (f)                 1.-
Var. passifs transitoires (g)        35.-
Var. créances (h)                  (169.-)
Augmentation stock (i)             (180.-)
Var. actifs transitoires(j)          72.-
Var. fournisseurs                   120.-
Var. provisions (impôts)           (150.-)
                                  --------            --------
Cash-flow d'exploitation          (175.-)             1'267.-
                                                     --------
```

(a) 1'030/(2/3)=1'545; 910/(2/3)=1'365
    1'545-1'365=180 —> /3=60
(b) valeur avant amortissement 2'940/0.8=3'675
    amortissement 0.2x3'675
(c) 150-(110+15)+2(perte sur la vente)
(d) 42+21-35
(e) 1042-826+120
(f) 141-140
(g) 88-69+16
(h) 2'427-2'258
(i) 1.030-910=120 —> /(2/3)
(j) 118-190

Dans la méthode indirecte, on part du résultat d'exploitation. Dans le cas présent, le montant des intérêts (charges financières)n'est pas connu…

Flux de trésorerie disponible

```
Cash-flow d'exploitation        1'267.-
Activités d'investissements
Vente placements (a)            1'660.-
Vente participation B              55.-    (D)
Vente mobilier                    13.-
Immeubles (b)                   (230.-)
Machines (c)                  (2'395.-)
Véhicules                       (21.-)    (G)
                              --------          --------
Investissements/Disponibilités  (918.-)            349
                                                --------

(a)1'890-230
(b)6'250+280(amortissement)-6'300
(c)valeur avant amortissement 2'940/0.8=3'675
   3'675-1'280
```

Flux de liquidité

```
Disponibilités                   349.-
Activités financières
Dividendes                      (200.-)   (A)
Tantième                         (20.-)   (A)
Augmentation de l'hypothèque (a) 200.-
Dim. prêt LT (b)                (483.-)
Dim. des autres dettes LT (c)    (60.-)
Variation des participations      -.-
                              --------          --------
Cash-flow financier/Liquidités* (563.-)         (214.-)
                                                --------

(a)2'300-2'100
(b)1'654-1'171
(c)320-260
```

* Variation de liquidités qui correspond à la variation des comptes de liquidités

25. IMMEUBLES

Les opérations sur les immeubles font partie des opérations annexes de beaucoup d'entreprises. Il existe des sociétés pour lesquelles il s'agit des opérations principales, les régies par exemple, mais nous n'allons pas, le domaine étant très spécifique, nous y attarder ici. Nous nous concentrerons sur des l'entreprises dont les activités consistent à acheter et à vendre des marchandises, ou à exercer une activité dans le domaine des services. Ces opérations annexes se retrouveront ainsi dans les comptes de résultat du troisième degré (comptes 7000).

Pour une entreprise commerciale, industrielle ou de service, il peut être intéressant de réaliser des opérations sur des immeubles pour plusieurs raisons:

1. Investissement intéressant lorsque l'entreprise commence à avoir des liquidités excédentaires à placer. L'immobilier est une classe d'actifs attractive car elle permet de dégager un produit assez sûr en cas de mise en location.

2. C'est un actif qui a une valeur assez stable (sauf en cas de crise du secteur immobilier) et qui permet d'espérer une plus-value à la revente.

3. Cela peut permettre à l'entreprise de disposer de ses propres locaux et ainsi éviter de les louer et d'être tributaire du marché de l'immobilier.

On distingue habituellement plusieurs types d'opérations sur les immeubles:

1. La comptabilisation des charges d'immeubles
2. La mise en location (produits d'immeubles)
3. Les hypothèques et annuités hypothécaires
4. L'achat et la vente

QUELQUES MOTS SUR LES HYPOTHÈQUES

Il arrive très fréquemment que pour l'acquisition d'un immeuble, l'entreprise doive procéder à un emprunt. On parle dans ce cas d'emprunt hypothécaire. Sa particularité est qu'il est garanti par le bien immobilier. Cela signifie que si l'emprunteur n'est plus en mesure d'honorer ses engagements (remboursement et paiement des intérêts) le prêteur pourra par voie de poursuites obtenir la saisie de l'immeuble et le remettre en vente.

Même si l'entreprise dispose des fonds propres nécessaires pour acheter un bien immobilier sans recourir à un emprunt hypothécaire, il peut être intéressant de s'endetter malgré tout pour bénéficier d'une optimisation fiscale. En effet, les intérêts sur la dette hypothécaire permettent de diminuer le bénéfice et par conséquence l'impôt sur le bénéfice également.

Cependant, les banques n'autorisent pas un endettement à hauteur de 100% de la valeur d'un immeuble. Pour les entreprises les principes appliqués peuvent être sensiblement différents. A titre d'exemple voici ce qui se passe généralement pour un particulier : la banque demandera de financer le bien à hauteur de 20%, elle accordera ensuite une hypothèque de 1er rang jusqu'à 65% et une hypothèque de 2ème rang à hauteur de 15%.

Une hypothèque de 1er rang sera toujours remboursée en priorité en cas de défaut de paiement. Ainsi le 1er rang est nettement moins risqué pour la banque, car en cas de saisie du bien immobilier, il est très probable que sa valeur de revente soit au moins équivalente au 65% du montant prêté. Cependant les banques exigent que l'hypothèque de 2ème rang soit amortie (remboursée) dans des délais plus courts que le 1er rang. Pour résumer, on peut affirmer que l'hypothèque de 1er rang est peu risquée pour la banque mais a une durée longue alors que l'hypothèque de 2ème rang est plus risquée mais doit être remboursée plus rapidement.

Une hypothèque peut prendre deux formes : dette hypothécaire ou cédule hypothécaire. La différence entre une dette hypothécaire et une cédule hypothécaire est qu'une cédule est un titre. Cela signifie que le droit de gage n'est pas dissociable du titre lui-même.

ASPECTS COMPTABLES

Plusieurs comptes spécifiques à la comptabilisation des opérations sur immeubles sont présents dans le plan comptable. Voici les principaux :

- Immeuble (il s'agit d'un compte actif qui indique la valeur des biens immobiliers)
- Produit d'immeuble (il s'agit d'un compte produit qui enregistre les produits réalisés lors de la mise en location d'un immeuble)
- Charges d'immeuble (il s'agit d'un compte de charges qui répertorie toutes les dépenses liées à la possession d'un bien immobilier)
- Dettes hypothécaires (Il s'agit d'un compte passif qui enregistre le financement d'un immeuble à l'aide d'un emprunt)

Pour refléter la réalité au mieux, nous compléterons donc le plan comptable de la manière suivante:

7500 Produit d'immeubles	7530 Droits, taxes, impôts fonciers
7510 Intérêts hypothécaires d'immeubles locatifs	7540 Charges d'administration
7520 Entretien de l'immeuble	

251. CHARGES ET PRODUITS D'IMMEUBLES

CHARGES

Toutes les charges liées à la possession d'un immeuble seront inscrites dans le compte charges d'immeuble. Cela permet de bien garder les résultats liés à l'immeuble dans le compte de résultat 3ème degré. Par exemple, le salaire versé au concierge de l'immeuble sera débité du compte charges d'immeubles et non pas du compte salaires. Ainsi, dans le compte charge d'immeuble, on inscrira:

- Les frais de réparations et d'entretien de l'immeuble
- L'intérêt de la dette hypothécaire
- Le salaire du concierge
- Les frais de réparations
- L'amortissement de l'immeuble
- L'achat de mazout pour le chauffage
- Les assurances immobilières

Exemple, nous comptabilisons ci-dessous l'achat à crédit de 15'000.- de mazout pour notre immeuble.

#	Date	Compte débité	Compte crédité	Libellé	Somme débitée	Somme créditée
7	20/2/__	Charges IM	Autres dettes	N/ achat de mazout	15'000.-	15'000.-

PRODUITS

Les immeubles d'une entreprise peuvent être mis en location. Mais il faut également considérer l'utilisation des locaux d'une entreprise comme un rendement locatif pour des raisons légales. En effet, dans l'impôt sur le bénéfice, l'utilisation de l'immeuble à des fins propres doit être prise en considération. Dans ce cas, le montant de la location sera estimé en fonction des prix du marché pour un bien immobilier similaire.

Locations à des tiers

En cas de location de l'immeuble à des tiers, l'écriture comptable est relativement simple. On considérera le produit de la location comme un produit d'immeuble. Ainsi, un compte de liquidités ou de créances sera débité alors que le compte produit d'immeuble sera crédité.

Exemple : La location de l'immeuble est encaissée par virement bancaire pour un montant de 5'000.-.

#	Date	Compte		Libellé	Somme	
		débité	crédité		débitée	créditée
8	28/2/__	Liquidités	Produit d'immeuble	Encaissement loyers pour le mois de mars	5'000.-	5'000.-

Utilisation propre des locaux

Pour le compte de l'entreprise

Lorsque l'entreprise utilise un immeuble pour son propre compte, qu'il s'agisse de locaux administratifs, des bâtiments pour le stockage ou un local de vente, il est nécessaire de considérer la valeur locative comme un produit. Cela reviendra à passer une écriture totalement neutre du point de vue du résultat d'exercice (4ème degré). En effet, on la considérera à la fois comme un charge par l'intermédiaire du compte loyer et un comme un produit au moyen du compte produit d'immeuble.

Exemple: La valeur locative estimée de l'immeuble de l'entreprise est de 7'250.-. L'immeuble est exclusivement utilisé pour le compte de l'entreprise.

#	Date	Compte		Libellé	Somme	
		débité	crédité		débitée	créditée
9	1/3/__	Loyer	Produit d'immeuble	Valeur locative occupé par l'entreprise	7'250.-	7'250.-

Dans ce cas le bénéfice final ne sera pas affecté mais le résultat d'exploitation présenté au compte de résultat du second degré se verra diminué en raison de la charge de loyer enregistrée. De plus, le résultat des activités du troisième degré se verra augmenté. Cela permet de présenter un résultat d'exploitation (deuxième degré) réaliste et si l'entreprise vendait son immeuble pour devenir locataire, le résultat d'exploitation ne serait que peu affecté. En revanche, le résultat des activités du troisième degré le serait.

Pour la conciergerie

Il arrive que l'entreprise loge son concierge dans ses propres locaux. Dans ce cas, il faut comptabiliser cette utilisation. La mise à disposition d'un logement de fonction correspond à une rémunération pour le concierge. Comme nous l'avons vu plus haut, les frais de conciergeries sont considérés comme des charges d'immeubles. De plus on enregistrera le produit d'immeuble comme si le logement était loué à un tiers. De la même manière qu'auparavant, cette écriture n'aura pas d'influence sur le bénéfice.

Exemple : Un logement de fonction est mis à disposition du concierge de l'entreprise. Sa valeur locative est estimée à 1'300.-.

| # | Date | Compte | | Libellé | Somme | |
		débité	crédité		débitée	créditée
10	1/3/__	Charges d'immeuble	Produit d'immeuble	Logement de fonction du concierge	1'300.-	1'300.-

Par le propriétaire à des fins privés.

Le propriétaire de l'entreprise peut décider de se loger dans un immeuble appartenant à son entreprise. Dans ce cas, on considérera cela comme un retrait du propriétaire ; le compte privé sera donc débité. On enregistrera également le produit d'immeuble de la même manière que cela se fait lors d'une mise en location à un tiers.

Exemple: Le propriétaire de l'entreprise se loge dans un immeuble de l'entreprise. La valeur locative de l'appartement est estimée à 2'100.-.

| # | Date | Compte | | Libellé | Somme | |
		débité	crédité		débitée	créditée
11	1/3/__	Privé	Produit d'immeuble	Appartement occupé par le propriétaire de l'entreprise	2'100.-	2'100.-

Cette opération aura une influence sur le résultat d'exercice de l'entreprise. En effet, un produit est enregistré et il viendra augmenter le bénéfice d'exercice. Cette écriture aura donc un impact fiscal et augmentera le montant de l'impôt sur le bénéfice. Cependant elle est totalement neutre du point de vue de la variation de fortune (le solde du compte privé). En effet le montant est débité du compte privé lors de la comptabilisation mais le bénéfice d'exercice sera crédité au compte en fin d'exercice comptable. Ce bénéfice d'exercice comprenant cette opération, la variation de fortune n'en sera pas affectée.

252. ANNUITÉS HYPOTHÉCAIRES

Lorsqu'un immeuble est financé au moyen d'un emprunt hypothécaire, un versement annuel devra être fait auprès de la banque. Ce versement s'appelle annuité hypothécaire. Il est généralement composé de deux éléments:

1. Le paiement des intérêts sur la dette hypothécaire
2. Le remboursement d'une partie de la dette hypothécaire

DÉGRESSIVE

Il existe deux types d'annuités hypothécaires: constante et dégressive. Dans l'annuité dégressive, l'emprunteur paye de moins en moins année après année, profitant du fait que la dette hypothécaire diminue peu à peu.

	n	n+1	n+2	n+3
Montant de l'hypothèque	200'000.-	180'000.-	160'000.-	140'000.-
Remboursement partiel de la dette	20'000.-	20'000.-	20'000.-	20'000.-
Intérêts (5%) de la dette	10'000.-	9'000.-	8'000.-	7'000.-
Annuité hypothécaire	30'000.-	29'000.-	28'000.-	27'000.-

CONSTANTE

Dans l'annuité constante, l'emprunteur garde le montant de l'annuité toujours au même niveau et profite de la baisse du montant des intérêts pour rembourser un montant toujours plus élevé de la dette hypothécaire.

	n	n+1	n+2	n+3
Montant de l'hypothèque	200'000.-	180'000.-	159'000.-	136'950.-
Remboursement partiel de la dette	20'000.-	21'000.-	22'050.-	23'152.5
Intérêts (5%) de la dette	10'000.-	9'000.-	7'950.-	6'847.5
Annuité hypothécaire	30'000.-	30'000.-	30'000.-	30'000.-

Quelle que soit le type d'annuité choisi, la comptabilisation se fera toujours de la même manière et devra tenir compte du fait que ce paiement concerne d'une part le remboursement de la dette hypothécaire et, d'autre part le paiement des intérêts hypo-thécaires.

Exemple: paiement de l'annuité hypothécaire 29'000.- par virement bancaire. 20'000.- concernent le remboursement de la dette et 9'000.- les intérêts hypothécaires.

#	Date	Compte		Libellé	Somme	
		débité	crédité		débitée	créditée
12	15/3/__	Hypothèque	-	N/ remboursement partiel du principal de la dette H	20'000.-	-
		Charges d'immeuble	-	N/ payement des intérêts	9'000.-	-
		-	Liquidités	N/ virement	-	29'000.-

253. ECRITURES ET DOCUMENTS D'ACHAT / VENTES

ECRITURES COMPTABLE

Achat

L'opération d'achat d'immeuble peut être relativement complexe. En effet, on n'achète pas un immeuble comme on achète un ordinateur ou un véhicule. Il n'y a pas d'écriture type pour l'achat. Ce sera donc au comptable de bien considérer tous les éléments liés à l'achat. Voici une liste non exhaustive d'éléments dont il faut tenir compte lors d'un achat d'immeuble :

- Prix d'achat convenu
- Frais de notaire
- Dette hypothécaire contractée
- Arriérés de paiement des locataires de l'immeuble
- Loyers perçus d'avance par le vendeur
- Assurances contractée par le vendeur et encore valables
- Stock de mazout pour le chauffage

Exemple d'achat d'immeuble:

```
Prix d'achat          1'000'000.-      Loyers perçus d'avance
Notaire                  20'000.-      par le vendeur       32'000.-
Hypothèque              800'000.-      Assurance contractée
Arriérés de paiement                   par le vendeur        1'200.-
des locataires           20'000.-      Stock de mazout      20'000.-
```

Pour des raisons pratiques, on sépare l'achat de l'immeuble à proprement parler (valeur de l'immeuble, frais de notaire et dette hypothécaire) puis on fait un décompte acheteur vendeur avec les données restantes. Voici l'écriture liée à l'achat:

| # | Date | Compte | | Libellé | Somme | |
		débité	crédité		débitée	créditée
13	18/3/__	Immeuble	-	Achat d'un immeuble + frais de notaire	1'020'000.-	-

| # | Date | Compte | | Libellé | Somme | |
		débité	crédité		débitée	créditée
		-	Hypothèque	Dette contractée auprès de H	-	800'000.-
		-	Liquidités	Fonds propres	-	220'000.-

Les données restantes sont appelées décompte acheteur/vendeur. Pour des raisons pratiques, on passe d'abord toutes les écritures par le compte autres dettes puis le paiement total est calculé à la fin.

| # | Date | Compte | | Libellé | Somme | |
		débité	crédité		débitée	créditée
14	18/3/__	Produits d'immeuble	Autres dettes	Arriérés de location	20'000.-	20'000.-
		Autres dettes	Produits d'immeuble	Loyers perçus d'avance	32'000.-	32'000.-
		Charges d'immeuble	Autres dettes	Assurances payées d'avance, mais à notre charge (1'200 x 9 / 12)	900.-	900.-
		Charges d'immeuble	Autres dettes	Reprise du stock de mazout	20'000.-	20'000.-
		Autres dettes	Liquidités	N/ règlement des dettes	8'900.-	8'900.-

Vente

De façon analogue à l'opération d'achat, une vente nécessite de prendre en considération divers éléments:

- Prix de vente convenu
- Remboursement de la dette hypothécaire
- Valeur comptable de l'immeuble (en effet, il est fort probable que le prix de vente convenu diverge de la valeur comptable de l'immeuble). Dans le cas d'une plus-va-

lue, elle sera enregistrée dans le compte produits exceptionnels. A l'inverse une moins-value sera enregistrée dans le compta charges execeptionnelles.

- Arriérés de paiement des locataires de l'immeuble
- Loyers perçus d'avance par le vendeur
- Assurances contractée
- Stock de mazout pour le chauffage

Nous allons reprendre l'achat ci-dessus et regarder ce que cela implique pour le vendeur.

Exemple de vente d'immeuble:

```
Prix de vente         1'000'000.-      Loyers perçus
Valeur comptable        600'000.-      d'avance              32'000.-
Hypothèque              300'000.-      Assurance annuelle
Intérêts à payer         10'000.-      contractée             1'200.-
Arriérés de paiement                   Stock de mazout       20'000.-
des locataires           20'000.-
```

Comme pour l'achat, on sépare la vente à proprement parler (prix de vente convenu, charge ou produit exceptionnel, dette hypothécaire). Voici l'écriture liée à la vente:

#	Date	Compte débité	Compte crédité	Libellé	Somme débitée	Somme créditée
/	18/3/__	Hypothèque	-	N/ remboursement de la dette	300'000.-	-
		Liquidités	-	Payement net (prix - hypothèque), payé par l'acheteur	700'000.-	-
		-	Immeubles	Valeur comptable de l'immeuble	-	600'000.-
		-	Produits exceptionnel	Plus-value réalisée sur la vente	-	400'000.-
		Charges d'immeuble	Liquidités	N/ payement des intérêts hypothécaire dus	10'000.-	10'000.-

Voici maintenant le décompte acheteur/vendeur lié à cette vente. Pour des raisons pratiques, on passe d'abord toutes les écritures par le compte autres créances puis le paiement total est calculé à la fin.

| # | Date | Compte | | Libellé | Somme | |
		débité	crédité		débitée	créditée
/	18/3/__	Autres dettes	Produits d'immeuble	Arriérés de location	20'000.-	20'000.-
		Produits d'immeuble	Autres dettes	Loyers perçus d'avance	32'000.-	32'000.-
		Autres dettes	Charges d'immeuble	Assurances payées d'avance, mais à notre charge (1'200 x 9 / 12)	900.-	900.-
		Autres dettes	Charges d'immeuble	Reprise du stock de mazout	20'000.-	20'000.-
		Liquidités	Autres dettes	N/ règlement des dettes	8'900.-	8'900.-

DOCUMENT DE CRÉDIT

Imaginons une personne souhaitant acquérir une habitation dont le prix de vente est de 1.5 millions. La loi impose que la personne amène au moins 20% de fonds propres. Si tel est le cas, l'intermédiaire rentrera en matière pour l'octroi d'un prêt; imaginons, par souci de simplification que ce dernier s'élève à 1 million. Tout l'exercice consiste à déterminer le montant de salaire minimum que l'acquéreur. En Suisse, il est de coutume d'exiger que les charges et intérêts liés à l'immeuble ne dépasse pas 30% du salaire.

Prenons le cas d'une banque où les hypothèque de 1er rang se financent à 2.5%, pour un montant maximum qui s'élève à 65% du prix de vente (le solde étant financé par des hypothèque de 2ème rang à un prix plus élevée, par exemple, 3.0%). Dans les calculs, la banque prendra en compte les frais d'amortissement de la dette ainsi que les charges d'immeubles, respectivement, en première estimation 1.0 et 1.5%.

Le document de crédit se présentera alors, pour l'exemple ci-dessus, de la manière suivante:

Montant

```
Bien                    1'500'000.-
de la 1e hypothèque (1'500'000 x 65%) = 975'000.-
de la 2e hypothèque (1m-0.975m)       =  25'000.-
                                      ------------
Total demandé (TD)                    1'000'000.-
```

Charges et intérêts

```
pour la 1e hypothèque 975'000 @ 2.5%  =  24'375.-
pour la 2e hypothèque  25'000 @ 3.0%  =     750.-
Amortissement      1'000'000 @ 1.0%   =  10'000.-
Charges            1'500'000 @ 1.5% =    22'500.-
                                      ------------
Total des charges (TC)                   57'625.-
```

Revenus

```
Revenu annuel minimum  57'625 / 30%  =  192'083.-
Soit un revenu mensuel minimum       =   16'007.-
                                      ============
```

RÉVISION ET CAS PRATIQUE

JOURNAL

Cas d'un magasin de vélo.

L'entreprise vend des vélos et accessoires et possède un portefeuille de titres ainsi qu'un immeuble dans lequel elle a son magasin et où habite le patron.

Période 1

Vendons un vélo P à Monsieur M d'une valeur de 3'000. Nous lui accordons un escompte de 5 % en cas de payement de la facture dans les 10 jours.

Créances Clients	Ventes-mar- chandises	N/vente marchandises à crédit à M	3'000	3'000

Payons par virement bancaire l'annuité hypothécaire d'un montant 62'000. L'emprunt hypothécaire se monte à 700'000 au taux de 3 %.

Charges d'immeuble	–	Intérêt hypothécaire 700'000 * 3%	21'000	–
Dette hypo- thécaire	–	N/Remb. partiel dette hyp.(62'000-21'000)	41'000	–
–	Banque	N/pmt annuité hypothé- caire	–	62'000

Le client M (écriture 1) paie sa facture par virement postal 5 jours après son achat.

Poste	–	Pmt facture M (3 000 - 150)	2'850	–
Déductions acc.	–	Escompte accordé (5%*3000)= 150.-	150	–
–	Créance clients	Règlement facture M	–	3'000

Retour de plusieurs cartons de pièces détachées (dérailleurs, disques de frein, pédaliers) qui ne correspondent pas à nos attentes. Ils avaient été comptabilisés 2'500.

Dettes four-nisseurs	Achats-mar-chandises	retour de marchandises fournisseur	2'500	2'500

Notre fournisseur nous livre 50 casques d'une valeur de 12.- l'unité. Condition de paiement: 5 % d'escompte pour un paiement dans les 30 jours. Comptabiliser la facture.

Achat-mar-chandises	Dettes four-nisseurs	n/achat casques (50*12)	600	600

Paiement par virement bancaire de diverses fournitures de bureau. Cette facture avait déjà été comptabilisée pour un montant de 200.-.

Autres dettes	Banque	n/règlement facture fournitures de bureau	200	200

Nous réglons par virement postal le salaire du concierge de notre immeuble, 4'500.

Charges d'immeuble	Poste	N/pmt salaire concierge	4'500	4'500

Contre toute attente, notre banque est créditée d'un montant de 18'500.- de la part d'un ancien client pour une créance complètement amortie, il y a quatre ans.

Banque	Produits Exceptionnels	Récupération créance	18'500.--	18'500.--

Achetons 10 obligations d'état libérée sur 10 ans, taux 3.5 % échéance le 30 juin, valeur nominale 5'000.-, cours de 98 %, frais totaux 150.-. Tenir compte de l'intérêt.

Titres	-	98%*(10*5000)+150	49150	-
Produits des titres	-	(10*5000*3.5*280) /36000	1'361.10	-
-	Banque	Notre paiement	-	50'511.10

Achetons une nouvelle fourgonnette pour 85'000.-. Le vendeur reprend notre ancien véhicule pour 25'000.- et le règlement du solde se fait par virement bancaire. Nous avions acheté notre ancien véhicule 54'000.- et l'avons amorti de manière indirecte pour 30'000.-. Enregistrer toutes les écritures relatives à cet achat.

FAC s/ véhicules	Véhicules	Extourne amortissements	30000	30000
Véhicules	-	Achat nouvelle fourgonnette	85'000.--	-

-	Véhicules	Reprise ancienne		- 25'000.--
-	Banque	Notre paiement		- 60'000.--
Véhicules	Produits Exceptionnels	25000- (54000-30000)	1'000.--	1'000.--

Touchons l'intérêt relatif à nos obligations. Tenir compte de l'impôt anticipé.

Banque	-	(65% * 1750)	1'137.50	-
Créance AFC	-	(35% * 1750)	612.50	-
-	Produits des titres	3.5% * (10 * 5000)	-	1750

Enregistrons la facture de l'entreprise D de 7'560.- concernant l'achat de notre nouveau ordinateur.

Informatiques	Autres dettes	N/ achat ordi.	7560	7560

Un client nous retourne pour 1'728.- de marchandises. Nous effectuons un virement bancaire de ce montant sur son compte bancaire.

Ventes Marchandises	Banque	Retour client	1728	1728

Recevons un avis de crédit bancaire, pour un paiement de nos locataires de 94'000.-.

Banque	Produits dimmeubles	Encaissement loyers	94000	94000

Payons par virement postal l'assurance incendie de notre immeuble valable du 1er décembre au 30 novembre de l'année suivante pour un montant de 8'000.-.

Charges dimmeubles	Poste	Paiement assurance incendie annuelle	8000	8000

Payons le salaire de notre vendeur. Comptabiliser le paiement du salaire net par virement postal en tenant compte des déductions nécessaires. Journaliser uniquement la part salariale (paiement de l'entreprise). Salaire de 6'800.- (coordonné de 4'505.-), AVS/AI/APG/AC/AM à 6.295%, AANP à 1.2 %, AAPà 1.3 %, LPP à 18% (répartition paritaire).

Salaires	-	Salaire brut	6800	
-	Dettes AVS	(6.295%*6800)	-	428.05
-	Dettes LPP	9%*4505	-	405.45
-	Charges sociales	1.2%*6800	-	81.60
-	Poste	Salaire net	-	5'884.90

Clôture

Enregistrons une plus-value sur titre de 2'500.-.

Titres	Produits des titres	Comptabilisation plus-value sur titres	2'500	2'500

Comptabilisation du loyer de notre commerce dans notre immeuble 6'000.-.

Loyer	Produits d'immeuble	Comptabilisation loyer commerce	6'000	6'000

Passons en compte en faveur du propriétaire un intérêt de 4½ % sur les capitaux propres investis dans l'entreprise. Le solde du compte capital se monte à 40'000.-.

Int. Charges	Privé	S/intérêt sur capital investi 40 000* 4.5%	1'800	1'800

En fin d'exercice, les comptes ci-après se présentent de la manière suivante:

	Débit	Crédit
Créances Clients (suisses)	230'000.-	100'000.-
Créances Clients étrangers (factures en CHF)	323'000.-	260'000.-
Ducroire		10'000.-

Ajuster la provision conformément aux normes fiscales en vigueur, à savoir: 5 % du compte Créances Clients (suisses) et 10 % du compte Créances Clients étrangers.

Pertes sur Créances	Ducroire	5%x130'000 + 10%x63'000 – 10'000 = 2'800	2'800	2'800

Amortissement immeuble de manière directe à 4 % de sa valeur d'achat 2'000'000.-.

Charges d'immeuble	Immeuble	4 % x 2'000'000	80'000	80'000

Amortissement indirect du mobilier pour 8'000.-.

Amortisse-ments	Cumul d'amo. sur mobilier	Amortissement indirect du mobilier	8'000	8'000

N2+

Notre banque nous envoie un avis de crédit concernant le paiement d'un client, soit 13'300.-. Après avoir contrôlé la facture, constatons que le client a déduit un escompte de 5 %.

Banque	-	Versement net	13'300.-	-
Déd. accordée	-	13'300 *5/95	700.-	-
-	Créance client	13'300 + 700	-	14'000.-

Il y a 4 ans, nous avions complètement amorti la créance d'un client. A notre surprise, ce dernier nous paie aujourd'hui 1'000.- par virement postal.

Poste	Prod. except.	Versement	1'000.-	1'000.-

Virement bancaire de l'annuité hypothécaire de 40'000.- (annuité constante). Notre dette hypothécaire s'élève à 1'400'000.- et le taux à 2 %. La différence représente notre amortissement financier annuel.

Ch. imm.		1'400.000 * 2 %	28'000.-	-
Dette hypoth.	-	40'000 - 28'000	12'000.-	-
-	Banque	N/ paiement annuité	-	40'000.-

Vente par l'intermédiaire de la banque, au cours de 94%, de 16 obligations de 1'000.- chacune (valeur nominale), taux d'intérêt 2.5 %, échéance le 30 septembre. Frais de vente totaux 569.-. Tenir compte de l'intérêt couru.

Banque	-	Notre vente	14'737.65	-
-	Titres	16'000 * 94 % - 569	-	14'471.-
-	Prod. titres	16'000 * 2.5 % * 8/12	-	266.65

Achetons par l'intermédiaire de la banque 34 actions au cours de 164.-. Les frais d'achat se montent à 220.-.

Titres	Banque	34 * 164 + 220	5'796.-	5'796.-

Achat à crédit de marchandises hors taxes 43'000.-, TVA de 8 %.

Achat March.	Dette four- niss.	43'000 * 108 %		46'440.-	46.440.-

L'Office des poursuites nous fait parvenir par virement postal un montant de 1'800.-. Ce dernier représente la somme récupérée sur une facture due s'élevant à 4'900.-.

Poste	—	Virement		1'800.-	—
Perte s/ cr.	—	4'900 – 1'800		3'100.-	—
—	Créance client	Poursuite		—	4'900.-

Nous achetons un véhicule 78'000.-. Le garagiste reprend l'ancienne voiture au prix de 7'000.-; le solde est dû à 30 jours. Tenir compte du fait que l'ancien véhicule avait coûté 65'000.- et qu'il a été amorti de manière indirecte pour une montant de 46'500.-.

Véhicule	—	N/ achat		78'000.-	—
—	Véhicule	S/ reprise		—	7'000.-
—	Autre dette	78'000 – 7'000		—	71'000.-
CA véhic.	—			46'500.-	—
Ch. except.	—	65'000 – 46'500 – 7'000	11'500.-	—
—	Véhicule	65'000 – 7'000		—	58'000.-

Clôture

Estimons que les ristournes que nos fournisseurs nous feront parvenir en début d'année prochaine s'élèveront à 6'900.-.

AT (prod. à rec.)	Déd. obte- nues	Ristournes à recevoir	6'900.-	6'900.-

Amortir l'ensemble du parc des véhicules sur la base des informations ci-dessous:

Solde du compte véhicules au 31.12.20__	184'000.-
Cumul d'amort. sur véhicules au 31.12.20__	62'000.-
Taux d'amortissement dégressif	20 %

```
Amortisse-    C. amort.     20 % s/184'000 -              24'400.-   24'400.-
ment          véhic         62'000
```

Après analyse des factures en suspens, décidons de créer une provision de 5% sur les créances suisses et de 10% sur les créances étrangères. Ajuster la provision

Extrait des créances

```
Créances clients suisses                195'000.-
Créances clients étrangères              16'000.-
Provisions pour pertes sur créances   8'600.-
```

```
Perte s/      Prov. perte   195'000*5%+16'000*10%  2'750.-    2'750.-
cr.           cr.           =11'350 (-8'600)
```

Avons payé et comptabilisé la facture d'une campagne publicitaire d'un montant de 18'500.- qui a commencé le 15 décembre et durera jusqu'au 15 mars de l'an prochain.

```
Actif tran-   Publicité     Pub payée d'avance       15'416.65 15'416.65
sit.                        18'500*2.5/3
```

DÉCOMPTES DE SALAIRES

Décompte de salaire

Date de paiement: 28 février

Désignation	%	Brut	Base	Allocations	Retenues
Salaire mensuel	80 %	6'720.-		600.-	
Cotisation AVS	5.15 %		6'720.-		346.08
Cotis. chômage	1.1 %		6'720.-		73.92
Cotis. LPP	4 %		4'690.-		187.60
AANP	1.3 %		6'720.-		87.36
Ass. maternité	0.045 %		6'720.-		3.02
Totaux		6'720.-		600.-	698.--

Montant versé: 6'622.-

Quel est le montant de la déduction de coordination LPP ?

```
6720 - 4690 = 2'030
```

Si la personne ci-dessus travaillait à 100 %, quel serait son salaire brut ?

```
6'720 * 100 / 80 = 8'400
```

Expliquer le principe de solidarité appliqué au 1er pilier (financement et paiement des rentes).

```
Pas de cotisation maximum, mais rente maximum à l'âge de la retraite
```

Citez les 3 piliers du système de retraite suisse.

```
1er pilier  : l'Assurance Vieillesse et Survivants
2ème pilier : la Loi sur la Prévoyance Professionnelle
              (caisse de retraite)
3ème pilier : l'Assurance vie/risque (facultative)
```

−	Immeuble	N/ vente		−	4'200'000.-
−	Prod. exceptionnel	Gain s/ vente		−	550'000.-
Dette hypothécaire	−	Reprise	3'700'000.-		−
Charges d'immeuble	−	Intérêts courus	27'000.-		−

–	Produits d'immeuble	Loyer en notre faveur	–	8'000.–
Banque	–	Virement solde	1'031'000.–	–

RÉSULTAT À 4 DEGRÉS

Exemple 1

Soldes des comptes (balance de vérification) au 31.12.20__, page suivante.

Charges	Compte de résultat en CHF du 1.1 au 31.12.20__		Produits
Achats marchandises	480'000.-	Déductions obtenues	7'000.-
Déductions accordées	4'000.-	Variation de stock	14'000.-
Frais d'achat	9'000.-	Ventes marchandises	793'000.-
Pertes sur clients	25'000.-		
Marge brute	296'000.-		
	814'000.-		814'000.-
ACE	34'100.-	**Marge brute**	296'000.-
Amortissements	15'000.-	Différence de caisse	50.-
Charges sociales	24'000.-	Intérêts produits	750.-
Intérêts charges	1'800.-		
Salaires	124'800.-		
BN d'exploitation	97'100.-		
	296'800.-		296'800.-
		BN d'exploitation	97'100.-
Charges d'immeubles	30'000.-	Produits d'immeuble	25'000.-
BN d'entreprise	94'400.-	Produits des titres	2'300.-
	126'400.-		126'400.-
		BN d'entreprise	94'400.-
Ch. exceptionnelles	11'000.-		
BN d'exercice	83'400.-		
	94'400.-		94'400.-

Compte Privé			
BAL 50'000			
V/F Enrich. 33'400	BN 83'400		
83'400	83'400		

Compte Capital			
		BAL 400'000	
	SF. 433'400	V/F enrich. 33'400	
	433'400	433'400	

Achats marchandises	480'000.-	Intérêts charges	1'800.-

Actifs transitoires	2'500.-		Intérêts produits			750.-
Amortissements	15'000.-		Mobilier	5'000.-		
ACE	34'100.-		Passifs transitoires			5'000.-
Autres dettes		22'000.-	Pertes sur clients	25'000.-		
Banque c/c		41'000.-	Privé	50'000.-		
Caisse	2'100.-		Produits immeuble			25'000.-
Capital		400'000.-	Produits des titres			2'300.-
Charges sociales	24'000.-		Salaires	124'800.-		
Charges immeuble	30'000.-		Titres	58'000.-		
Ch. exceptionnelles	11'000.-		Variation de stock			14'000.-
Créances clients	52'000.-		Véhicules	30'000.-		
Déductions accordées	4'000.-		Ventes marchandises			793'000.-
Déd. obtenues		7'000.-	TOTAL		2'466'300.-	2'466'300.-
Dettes fournisseurs		68'000.-				
Différence de caisse		50.-				
Provisions s/Clients (Ducroire)		5'200.-				
FAC immeuble		263'000.-				
Frais d'achat	9'000.-					
Hypothèque		820'000.-				
Informatique	8'000.-					
Immeuble locatif	1'500'000.-					

Exemple 2

L'entreprise P est une entreprise commerciale. Elle gère également un immeuble locatif et effectue des placements en titres. Soldes des comptes (balance de vérification) au 31.12.20__, page suivante. Les données d'inventaire ont déjà été comptabilisées.

Charges	Compte de résultat en CHF du 1.1 au 31.12.20__		Produits
Marchandises Achats	566'900	Marchandises Ventes	992'000
Déductions accordées	6'800	Déductions obtenues	3'000
Pertes sur créances	7'800	Variation de stock	7'000
Marge brute	420'500		
	1'002'000		1'002'000
Salaires	230'000	**Marge brute**	420'500
Loyers	45'000		
ACE	150'000	Intérêts produits	500
Intérêt charges	3'900	**PN d'exploitation**	7'900
	428'900		428'900
PN d'exploitation	7'900		
Charges Immeuble	5'000	Produits Immeuble	20'000
Produits des titres	30'000	**PN opérationnelle**	22'900
	42'900		42'900
PN opérationnelle	22'900	Prod. extraordinaires	2'800
		PN de l'exercice	20'100
	22'900		22'900

Compte Privé		Compte Capital	
BAL 7'000		V/F App. 27'100	BAL 450'000
BN 20'100	V/F App. 27'100	SF. 422'900	
27'100	27'100	450'000	450'000

Quel est est le résultat d'exploitation

Le commerce (activité principale) engendre une perte de 7'900.-

Quelle activité rapporte le plus à l'entreprise ?

C'est la gestion d'immeuble. Elle engendre un bénéfice de 15'000.-

73

ACE	150'000	
Capital		450'000
Charges Immeuble	5'000	
Créances clients	39'200	
Créances douteuses	9'800	
Déductions accordées	6'800	
Déductions obtenues		3'000
Dettes fournisseurs		61'600
Dettes hypothécaires		200'000
Immeuble	375'000	
Intérêt charges et frais bancaire	3'900	
Intérêts produits		500
Investissement	130'000	
Liquidité	20'000	
Loyers	45'000	
Marchandises Stock	30'000	
Marchandises Achats	566'900	
Marchandises Ventes		992'000
Mobiliers, Machines	45'000	
Pertes sur créances	7'800	
Privé	7'000	
Produits des titres	30'000	
Produits extraordinaires		2'800
Produits Immeuble		20'000
Provisions pour pertes sur créances (Ducroire)		2'500
Salaires	230'000	
Variation de stock		7'000
Véhicules	38'000	
Total	**1'739'400**	**1'739'400**

ACTIFS	BILAN FINAL AU 31.12.__		PASSIFS
ACTIFS CIRCULANTS		FONDS ETRANGERS	
Liquidité	20'000	Dettes fournisseurs	61'600
Créances clients		Dettes hypothécaires	200'000
	39'200		
Clients douteux	9'800		
./. Ducroire	./. 2'500		
	46'500		
Marchandises Stock	30'000		
ACTIFS IMMOBILISES		FONDS PROPRES	
Investissement	130'000	Capital	422'900
Mobiliers, Machines	45'000		
Véhicules	38'000		
Immeuble	375'000		
TOTAL DES ACTIFS	684'500	**TOTAL DES PASSIFS**	684'500

TABLEAUX D'AMORTISSEMENT

Amortissement constant

Avons acheté une machine, le 30 juin N-1, pour un montant de 240'000. Compléter le tableau d'amortissement en appliquant la méthode d'amortissement constant pour les 2 premières années, sachant que le taux d'amortissement est de 25 %.

Année	Amortissements	Cumul des amortissements	Valeur résiduelle
N-1	30'000	30'000	210'000
N	60'000	90'000	150'000

Amortissement décroissant (ou dégressif)

Avons acheté une camionnette, le 1er janvier, pour un montant de 80'000.-. Sa durée de vie est estimée à 6 ans, et le taux d'amortissement est de 40 % de la valeur résiduelle.

Année	Amortissements	Cumul des amortissements	Valeur résiduelle
N-1	32'000	32'000	48'000
N	19'200	51'200	28'800

RÉPARTITION DU BÉNÉFICE

Sur la base de l'extrait du bilan de la société EM SA, établir le tableau de répartition du bénéfice à proposer à l'assemblée générale des actionnaires.

Bilan résumé en CHF de EM SA au 31.12.20__

Actifs		(avant répartition)	Passifs
Actifs divers	11'200'000.-	Passifs divers	2'127'350.-
Actionnaires	800'000.-	Capital-actions (8'000 acts)	8'000'000.-
		Réserve générale	950'000.-
		Réserve statutaire	150'000.-
		BN reporté N-1	22'650.-
		BN de l'exercice N	750'000.-
Total actifs	12'000'000.-	**Total passifs**	12'000'000.-

- Attribution à la Réserve Générale
- Attribution du dividende aussi élevé que possible et arrondi au % entier
- Attribution des tantièmes, soit 10% du bénéfice de l'exercice
- Attribution à la réserve statutaire de 75'000.-

Tableau de répartition du bénéfice

```
Bénéfice de l'exercice N                                    750'000.-
            - 5% à réserve générale        37'500.-
            - 5% de dividende             360'000.-   397'500.-
                                                       352'500.-
            + bénéfice reporté N-1                      22'650.-
```

Solde à répartir   375'150.-

```
Solde à répartir                                          375'150.-
 - Tantièmes                               75'000.-
   10% à la réserve générale                7'500.-    82'500.-
 - Fonds spécial                           75'000.-
   10% à la réserve générale                7'500.-    82'500.-
```

- Superdividende —> 2%	144'000.-	
10% à la réserve	14'400.-	158'400.- 323'400.-

Bénéfice reporté | | 51'750.-

Calculs justificatifs

1ère attribution à la RG

20% du cap-actions libéré

{(20/100 * (8'000'000-800'000)) = 1'440'000} > RG (950'000)

Superdividende

1% s/ 7'200'000 = 72'000

10% RG   7'200

Coût   79'200

210'150 / 79'200 = 2,65% —> 2%

Comptabiliser i) les tantièmes du tableau de la répartition du bénéfice; ii) le paiement, par la banque, de l'impôt anticipé (sur le dividende) dû par la société et iii) l'écriture de paiement par l'actionnaire de 90 coupons de dividendes.

BN	Tantièmes	Tantièmes	75'000.-	75'000.-
Dette AFC	Banque	35%x(360'000+144'000)	176'400.-	176'400.-
–	Produits des titres	Coupon de dividende brut 7%x(90x900)	–	5'670.-
Créances AFC	–	Impôt anticipé récupérable (35%x5'670)	1'984.50	–
Banque	–	Coupon net encaissé (65%x5'670)	3'685.50	–

VENTE ET ACHAT D'IMMEUBLES

Vente

Opérations relatives à la vente d'un immeuble locatif à D le 30 juin.

Prix de vente de l'immeuble 4'800'000.-. Sa valeur résiduelle s'élève à 3'200'000.-.

Créances D	Immeuble	Prix vente	3'200.000.-	3'200.000.-
Créances D	Prod. ex-cept.	4'800.000 - 3'200.000	1'600.000.-	1'600.000.-

Cession de la dette hypothécaire de 2'600'000.- grevant l'immeuble, taux 2.75 %, échéance de l'intérêt hypothécaire au 31 mars. Tenir compte de l'intérêt couru.

Dette hy-poth.	Créances D	N/ cession	2'600.000.-	2'600.000.-
Ch. imm.	Créances D	Int. couru 2.6MM*2.75%*3/12	17'875.-	17'875.-

Les frais de notaire et les droits de mutation s'élèvent à 144'000.-.

TBD

L'acheteur reprend le stock de mazout en citerne qui est estimé à 23'000.-

Créances D	Ch. imm.	Vente mazout	23'000.-	23'000.-

Plusieurs locataires n'ont pas encore versé leur loyer du mois de juin, soit 82'000.-.

Créances D	Prod. imm.	Loyers à encais-ser	82'000.-	82'000.-

Le solde dû est réglé de la manière suivante : l'acheteur remet 3800 actions SWATCH au cours de 403.- la pièce. Le solde est réglé par virement bancaire.

Titres	Créances D	Paiement par re-mise de titres 3'800*403	1'531'400.-	1'531'400.-
Banque	Créances D	4.8MM+23k+82k -2.6MM-17'875 -1'531'400	755'725.-	755'725.-

Annuité hypothécaire

Une dette hypothécaire de 1'200'000.- a été contractée auprès d'une banque. Le taux hypothécaire est de 3%. Déterminer pour deux périodes l'annuité à payer par le compte courant bancaire en appliquant le principe de l'annuité constante qui a été cal-culée à 85'000.-.

Période	Calcul annuité		
1ère période	Intérêt	: 1'200'000*3/100	= 36'000
	Remboursement:	85'000-36'000	= 49'000
	Annuité	:	= 85'000
2ème période	Intérêt	: (1'200'000-49'000)*3/100	= 34'530
	Remboursement:	85'000-34'530	= 50'470
	Annuité	:	= 85'000

TABLE DES MATIÈRES

24. CLÔTURE ET BOUCLEMENT

241. Travaux préparatoires

242. Amortissements

243. Présentation des comptes

25. IMMEUBLES

251. Charges et produits d'immeubles

252. annuités hypothécaires

RÉVISION ET CAS PRATIQUE

www.ingramcontent.com/pod-product-compliance
Lightning Source LLC
Chambersburg PA
CBHW080644180526
45168CB00008B/3296